Reuter Die Frau des Generals

Das Buch
Zwischen 2016 und 2022 trafen sich Claudia Reuter und Frank Schumann regelmäßig zum Gespräch. Sie kam aus einer angesehenen Dresdner Arztfamilie und war fast vier Jahrzehnte mit Rolf Reuter verheiratet, der u. a. als Generalmusikdirektor der Komischen Oper in Berlin arbeitete. Die Aufzeichungen gewähren nicht nur eine Blick auf eine weitverzweigte Künstlerfamilie, deren Wurzeln von den Schweizer Alpen über die Sächsische Schweiz bis zum Kaukasus reichen. Sondern sie zeigen auch, wie Menschen im Osten Deutschlands lebten und dachten, vor allem aber wie sie miteinander umgingen.

Die Autoren
Claudia Reuter, geborene Herzfeld, Jahrgang 1943, studierte in den sechziger Jahren Musikwissenschaften in Leipzig, heiratete 1970 Rolf Reuter. Zwei Töchter, ebenfalls Musikerinnen. Sie leitet die von ihr gegründete und spendenfinanzierte »Internationale Musikakademie zur Förderung musikalisch Hochbegabter in Deutschland e. V.«.
Frank Schumann, Jahrgang 1951, geboren im sächsischen Torgau, studierte in den siebziger Jahren an der gleichen Leipziger Universität Journalistik und arbeitete bis 1990 bei einer Tageszeitung. Seither als Verleger und Autor tätig.

Claudia Reuter

Die Frau des Generals

*Biografisches Gespräch über Musik,
Familie, Kultur und Geschichte
sowie ostdeutsche Haltungen*

Ein Wort zuvor

Ein Schauspieler aus Pankow, an dessen Erinnerungen ich gerade schrieb, ließ ihren Namen fallen. Er stand der Frau nahe, denn beide hatten einen Hund. Das verbindet. Und sie waren Nachbarn, getrennt nur durch eine Straße, die direkt zum Schloss Niederschönhausen führte. Die täglichen Verrichtungen der Hunde im Schlosspark hatten auch zu längeren Gesprächen geführt, weshalb der Ex-Polizeikommissar aus dem Fernsehen ihre Vita und Geschichten ziemlich gut kannte. Über sie müsse ich unbedingt schreiben, sagte er.

Ich winkte ab. Aufforderungen dieser Art bekomme ich nicht eben selten. Meine Arbeits- und Lebenszeit ist endlich wie die der meisten Menschen. Auch wenn ich die Ansicht vertrete, dass jedes Schicksal unverwechselbar ist und darum verdiente, der Nachwelt überliefert zu werden. Insbesondere dann, wenn es sich um genuin ostdeutsche Biografien handelt – allein schon deshalb, um den seit 1990 vornehmlich von Westdeutschen und ihren Adapten verbreiteten Narrativen über die zweite deutsche Republik entgegenzutreten, indem man den überall verbreiteten Phantasmagorien mit den tatsächlich gelebten Leben widerspricht.

Auf der anderen Seite frage nicht nur ich vernünftigerweise: Wer kann/will/soll diese Millionen Erinnerungen aufschreiben und anschließend auch lesen?

Denn die wenigsten Autobiografen schreiben ihre Autobiografien selbst – entweder weil sie nicht darauf trainiert sind oder weil sie selbst keine Zeit für derlei Verrichtungen haben. Also brauchen sie Unterstützung. Wie der verehrte Freund, der Fernsehschauspieler mit dem Doppelnamen, auch.

Da er in der Folgezeit seinen Hinweis gelegentlich wiederholte, kapitulierte ich schließlich vor seiner Hartnäckigkeit. Vielleicht auch, das räume ich ein, wegen des Namens. Das war der des einstigen Generalmusikdirektors der Komischen Oper, neben Kurt Masur und Kurt Sanderling wohl der bekannteste Dirigent der DDR, national wie international renommiert. Obgleich ihm das Bundesverdienstkreuz angeheftet worden war, vertrieb man ihn später aus dem Walhalla der deutschen Musikszene. Ein Hinterbänkler aus dem Berliner Landesparlament fand es anstößig, dass der bekannte Musiker zum Thema »Das Volkslied als Mutterboden der musikalischen Hochkultur« referiert hatte. Und zwar vor Mitgliedern eines in Starnberg registrierten Vereins, der vom bayerischen Landesamt für Verfassungsschutz als »rechtsextrem« eingestuft worden war – mit der nicht unerheblichen Einschränkung, dass »deren Aktivitäten sich im Allgemeinen auf interne Veranstaltungen beschränken, die kaum Außenwirkung entfalten«.

Wie gewohnt setzte sich der in solchen Fällen übliche mediale Mechanismus in Gang: dramatisieren, skandalisieren, hysterisieren – Lokalpresse, Regionalpresse, *Spiegel* … Statt des üblichen Rücktritts (wovon sollte ein 80-Jähriger auch zurücktreten?) forderten die Gazetten und

Rolf Reuter (1926-2007), Büste des »Generals« von Christine Dewerny, die von 1968 bis 1986 als Theaterplastikerin an der Komischen Oper und der Berliner Volksbühne arbeitete. Seither ist die in Leipzig geborene und in Dresden ausgebildete Bildhauerin freischaffend tätig

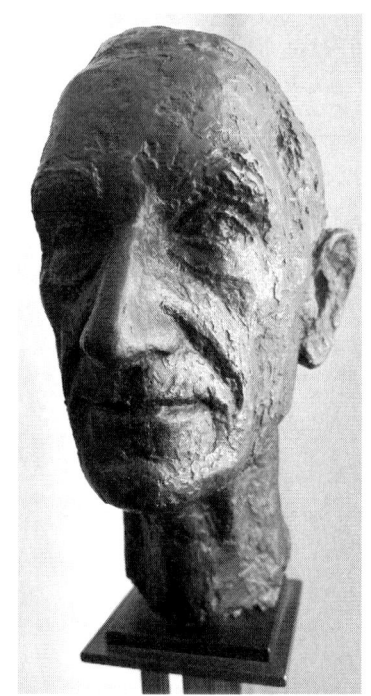

die von ihnen gefütterten politischen Kleingeister die Rückgabe des Bundesverdienstkreuzes. Diese Forderung wurde nach intensiver Prüfung des Falls durch das Bundespräsidialamt – in Abstimmung mit der Berliner Senatskanzlei und dem Bundesinnenministerium – Anfang September 2007 als unbegründet abgelehnt.

Da allerdings lag der öffentlich Geschmähte jedoch schon auf dem Totenbett, wohin ihn vermutlich die zweimonatige Hetzjagd getrieben hatte.

Es war nicht der erste und einzige Rufmord an einem Menschen mit einer ostdeutschen Vita.

Reuters Schicksal war vielleicht ausschlaggebend, weshalb ich der Aufforderung des einstigen Fernseh-

Das einstige Gästehaus in Niederschönhausen, jetzt Wohnhaus. Rechts das Portal mit einer Arbeit von Womacka

Kriminaloberleutnants dann doch folgte, mich mit der hinterbliebenen Frau zu unterhalten. Der zweite Beweggrund: die gegenwärtige Behausung der Witwe.

Nach dem Tod des Mannes hatte sie das Anwesen Am Iderfenngraben in Niederschönhausen den Kindern überlassen und war ins vormalige Gästehaus der DDR-Regierung gezogen. Dort nächtigten einst die gekrönten und die gewählten Staatsoberhäupter, Demokraten wie Despoten, wenn sie denn etwas mit der Führung der kleinen Republik bereden wollten. Indira Gandhi, Willy Brandt, Fidel Castro und Josip Tito hatten hier Quartier genommen, selbstredend auch Leonid Breshnew und Michail Gorbatschow. Das geschichtsträchtige Haus aus den sechziger Jahren war 1990 seiner Funktion verlustig gegangen, aber stehengeblieben. Es genoss zwar Denkmalschutz wegen der Architektur und der Kunst am Bau, was jedoch nach dem Großen Halali auf die

DDR und deren Hinterlassenschaften nicht zwingend auch Sicherheit bot. Der Einsatz der ideologischen Abrissbirne wurde nicht unbedingt von Feingefühl und Geist bestimmt. Dass nämlich DDR-Kulturgut auch nationales, also deutsches Kulturgut darstellte, schien den vermeintlichen Siegern der Geschichte nicht bewusst zu sein. »Tut nichts! Der Jude wird verbrannt!« Woher sollten sie Lessing kennen und wie der weise Nathan handeln?

Das Gästehaus war noch fünf Jahre als Hotelbetrieb geführt worden, dann übernahmen es die Vandalen und machten daraus eine Ruine. Später ersteigerte diese ein Investor, doch dem fehlte entweder das Geld oder der Wille zur Rettung. Erst in einem neuerlichen Anlauf kam das Haus 2011 endlich in die richtigen Hände. Ein Nürnberger Unternehmen mit hinlänglichem Geschichts- und Kunstverständnis, unterstützt

Das wieder hergestellte Foyer – rechts in der Wand befindet sich der Eingang zu der dahinter liegenden Wohnung

von hiesigen Architekten, stellte den ursprünglichen Zustand nicht nur wieder her, sondern repetierte im Foyer die Historie mit Tafeln und Fotografien.

Die interessanteste Wohnung von den fast vierzig im Hause bewohnte eben jene Dame, die der Schauspieler mir ans Herz gelegt hatte. Zur Miete, die nicht eben gering war, weshalb nach einigen Jahren die Mieterin höher zog, wo diese ein wenig niedriger war. Der Schauspieler, inzwischen seines Hauses verlustig gegangen, sollte in das von ihr geräumte Quartier einziehen. Inzwischen lebt er auch nicht mehr dort, sondern im Seebach-Stift in Weimar, was aber hier nicht hingehört: Das ist ein anderes Schicksal.

Gemeinsam waren wir damals hinüber gegangen, klingelten am Portal unter Womackas Friedenstauben und öffneten die schwere Glastür. In der holzgetäfelten

So wurde das Foyer seinerzeit genutzt. Links unten eingeklinkt das Foto mit der integrierten Tür nach nebenan

Wand im Foyer ging eine von außen nicht erkennbare Tür auf, ein Hund schoss bellend hervor, umrundete uns kurz und verschwand wieder. Wir folgten ihm. Die Wohnung war auch auf den historischen Fotos zu sehen, wie unschwer zu erkennen war. Geschickt hatten die Restauratoren aus dem einst edlen Salon zwei Wohnräume nebst Küche und Bad gemacht, ohne den Grundriss irreversibel zu verändern. Das allein war schon bemerkenswert. Nach der nächsten »Wende« muss man nur die Wände entfernen, und schon ist die Suite wieder für den ursprünglich vorgesehenen Zweck verwendbar.

Durch die großzügigen Glastüren sah man das Schloss, und die weitläufige Terrasse vor den Bodenfenstern ging in eine Wiese hinüber. Diese wurde nicht von Schrebergartenzäune zwischen den Anrainern geteilt, das hieß: alle Anwohner zu ebener Erde konnten gemeinsam das Areal unbegrenzt nutzen, wenn sie es denn mochten. Die Grünfläche als Überbleibsel einstigen egalitären Denkens, nicht schlecht.

In der Wohnung selbst: gediegenes Mobiliar, viel Kunst, Kandelaber an der Decke und dicke Teppiche am Boden, die nicht verleugneten, dass hier auch ein Hund lebte, der, nun ja, auf die feinen Sitten pfiff, welche gemeinhin in solchen vornehmen Räumen zu herrschen pflegen. Die Eigentümerin schien auf derlei Feinheiten jedenfalls wenig zu achten.

Wir tranken Kaffee aus feinem Porzellan und dazu grüngelben Limoncello, denn der spezielle italienische Zitronenlikör gehörte, wie sich in der Folgezeit zeigte, zum Ritual. Soweit aber war es noch nicht. Wir plauderten nett, der Schauspieler spielte seine Rolle als eloquenter Verkuppler, während ich Bedenken äußerte, dass der 75. Geburtstag als Anlass für die Veröffentlichung ausfiele, denn der stand drohend nah vor der Tür der potentiellen Autorin und somit der 80. noch in sehr, sehr weiter Ferne. Memoiren brauchen meist ein Jubiläum, ansonsten sind sie für Medien uninteressant. Geschichte sei, was ich bedauerte, inzwischen zum Marketinginstrument verkommen und nicht mehr Teil des gessellschaftlichen Bewusstseins, erläuterte ich, worauf mir zustimmendes Kopfnicken zuteil wurde. Meiner nicht, aber andere Verlage prüften Autobiografien weniger auf ihren Gehalt, sondern mehr auf Prominenz des Autors resp. Autorin und auf Jahrestage, mit denen dessen oder ihr Leben kompatibel seien.

Die beiden langten zur Zigarette. Die potentielle Autorin – vor ihr stand bereits ein reichlich gefüllter Ascher – zog am Glimmstängel. Die Marke hatte die DDR überlebt, hieß auch noch *Duett* und war wie immer zehn Zentimeter lang. *Super King Size* hieß das jetzt. Ich glaubte, die Raucherin präferierte sie einzig deshalb, um ihre innere Abneigung gegen das Rauchen zu demonstrieren. Sie drückte die Kippe bereits auf halber Strecke aus. Eine halbe Zigarette ist eben keine ganze, was der Gesundheit zuträglich war. Köhler glauben alles neben dem rauchenden Meiler.

Wir kamen nach fast einer Schachtel und einer annähernd leeren Limoncello-Flasche überein, dass wir es vielleicht miteinander versuchen sollten. Fortan trafen wir uns mit einer gewissen Regelmäßigkeit zum Gespräch. Das Geplauder dauerte immer zwei Stunden, beim Gongschlag der Standuhr erhob ich mich. Das Gespräch uferte mitunter aus, wurde breit wie der Brahmaputra in seinem Delta, ohne dass ich es vermocht hätte, den Redefluss etwas einzudämmen, gar zu kanalisieren. Aber das machte den Reiz des Dialogs aus. Und immer gab es etwas Leckeres zu essen. Ich wurde also zwiefach gemästet: mit Informationen und mit Kuchen. Mitunter gab es zwischen den Treffen längere Pausen. Die Reuterin kam gelegentlich unters Messer oder brach sich den Fuß, weshalb dann Krankenhausbesuche bei ihr nötig wurden, oder ich ging auf Reisen. So vergingen die Jahre.

Die Tonaufzeichnungen sollten das Basismaterial für erzähltes Leben werden, quasi den Steinbruch bilden,

2014 erhielt die Musikwissenschaftlerin Claudia Reuter das Bundesverdienstkreuz am Bande für ihre ehrenamtliche Tätigkeit als Mitbegründerin und Chefin der internationalen Musikakademie zur Förderung von Hochbegabten. Vielleicht war's auch eine Form indirekter Rehabilitierung: Sieben Jahre zuvor forderten einige, dass ihrem Mann das BVK aberkannt werden sollte

dem ich das Material entnehmen würde. Inzwischen war Corona über uns hereingebrochen, und auf Kreta nagte eine Bekannte von mir am Hungertuch. Sie führte mit ihrem griechischen Mann eine kleine Pension, doch nun blieben die Gäste aus. Leerlauf allenthalben und leere Kassen. Da sie im früheren Leben als Journalistin tätig gewesen war und mit dem Computer umzugehen verstand, machte sie sich anheischig, die digitalen Audioaufzeichnungen in Schrift zu verwandeln. Was sie mit wachsender Begeisterung tat. Was für ein Leben, ließ sie mich wissen, was für eine tolle Frau. Wahrlich, das war mir bei unseren Gesprächen, die zunehmend offener und vertraulicher wurden, nicht entgangen. Und irgendwann schauten wir auf den Kalender und stellten gleichermaßen überrascht wie verblüfft fest: Der Achtzigste stand vor der Tür!

Ich haderte schon geraume Zeit mit der ursprünglichen Idee, aus den Interviews Prosa zu machen. Natürlich ist eine Erzählung dichter als ein Dialog. Aber ein Gespräch wirkt weitaus lebendiger als ein erzählter Text. Und obendrein: Die Reuterin sprach nahezu druckreif – warum sollte ich da Hand anlegen?

Also entschloss ich mich, die Aufzeichnungen so wiederzugeben, wie sie entstanden waren – mit allen Problemen, die Gesprächen gemeinhin anhaften, welche über Jahre geführt wurden. Sie werden zunehmend detailierter und damit mitunter auch langweiliger, Wiederholungen schleichen sich ein, Tagesereignisse und aktuelle Vorgänge überlagern das eigentliche Thema, nämlich zu erforschen, wie jemand wurde, was er ist. Was ihn – in diesem Falle die Reuterin, also sie – prägte, was ihr Denken, Fühlen, Handeln bestimmte. Wir mäanderten also durch ihr Leben, staunend durchaus, das galt sowohl für den Fragesteller als auch für die Befragte. Denn stellenweise geriet das Gespräch auch zur Selbstbefragung, zur Selbstreflexion. Und der Blick ging auch hinaus, in die Gesellschaft. Mit den Jahren wurde die Kritik schärfer, unnachsichtiger, radikaler. Das lag wohl an den sich stetig verschlechternden politischen und wirtschaftlichen Verhältnissen im Lande.

Mit diesem Gesprächsband bekommen wir einen subjektiven Blick auf deutsche Kulturgeschichte, die vermutlich im Schwinden begriffen ist, plastisch vermittelt. Das erklärt vielleicht die Nostalgie und den leichten Anflug von Trauer, die über allem liegen, worüber Claudia Reuter, geborene Herzfeld, Frau mit jüdisch-schweizer Wurzeln, unterhaltsam berichtet.
Am 18. Juli 2023 sollte das Buch auf dem Gabentisch liegen, der ihr zum Achtzigsten bereitet werden würde. Allerdings lag die Reuterin an ihrem Jubiläum auf dem OP-Tisch und war zum Jubeln in der Vollnarkose kaum fähig. Der Eingriff war kurzfristig notwendig geworden, die Feier fiel aus. Allerdings gab es danach einen weiteren Grund anzustoßen: Die Operation war erfolgreich. Demütig kehrte die Reuterin aus dem Hospital nach Hause zurück – um einige Erfahrungen reicher und gestärkt für die nächste Auseinandersetzung. Die Besitzerin ihrer Wohnung hat über den Anwalt Eigenbedarf angemeldet …

*Frank Schumann,
im Sommer 2023*

Halla und Helvetia
oder Warum ich Schweizerin werden will

Wie kommen Sie auf die Idee, sich um die Schweizer Staatsbürgerschaft zu bewerben? Sie sind, mit Verlaub, jenseits der Siebzig und fangen jetzt an, Schweizer Kochrezepte und Geschichte und dergleichen zu studieren, um in der Botschaft examiniert und auf Herz und Nieren geprüft zu werden, ob Sie sich den knapp neun Millionen Eidgenossen zugesellen dürfen oder nicht. Sie wollen also mit Macht Schweizerin werden. Warum?

Ich bin eigentlich dem Gedanken meines Mannes und dem meinen verpflichtet: Dort, wo man hingestellt ist, teilt man das Schicksal mit den anderen. Also bleibt man Deutsche, auch wenn das mitunter nicht eben angenehm und leicht ist.

Meine Mutter Heidi Huber stammt aus Mülchi, einem kleinen Dorf nördlich von Bern, und aus einer alteingesessenen Schweizer Familie. Ihre Eltern waren Lehrer, weshalb sie ebenfalls Lehrerin werden wollte. Sie besuchte das Lehrerseminar in Bern und unterrichtete bereits mit neunzehn in einer Dorfschule am Thunersee, keine vierzig Kilometer südlich von Bern. Dort, auf der Uferpromenade, traf sie zwei Dresdner mit Namen Herzfeld. Vater und Sohn, beide Ärzte, beide Bergsteiger.

Der Sohn war von der jungen Frau fasziniert: groß, blond, blauäugig – das germanische Ideal sozusagen. Sie verknallten sich ineinander, der junge Arzt und die junge Lehrerin. Und beschlossen zu heiraten. Angeblich seien sie zur Entschlussfassung einmal um den ganzen Thunersee gewandert, was ich nicht glauben mag: Das waren über zwanzig Kilometer. Aber nun gut, früher war man auch noch besser zu Fuß als heute.

Sie eröffnete danach ihrer Familie, dass sie einen Deutschen heiraten und nach Dresden gehen werde.

Meine nachmalige Mutter hatte zwei ältere Brüder. Der eine – Dr. Max Huber, ein ziemlich vermögender Uhrenfabrikant und zudem Oberst in der Armee – reiste incognito nach Dresden, um die Familienverhältnisse meines künftigen Vaters zu erkunden. Er setzte sich sogar in die Praxis meines Vaters, um zu erfahren, wie der Ruf des Herrn Doktors ist. Wie sein Vater, mein Großvater, praktizierte er in Dresden-Pieschen, dem ärmsten Stadtteil von Elbflorenz. Dr. Max Huber kehrte mit der positiven Botschaft in die Schweiz zurück: Das ist ein ehrenwerter Mann! Mit diesem Placet durfte die Tochter diesen Mann 1924 heiraten.

Wenn ich eine Zwischenruf machen darf …
Ja.

Wir entfernen uns vom Thema. Ich wollte nur wissen, warum Sie Schweizer Staatsbürgerin werden wollen?
Ich komme noch dazu. Man muss doch die Vorgeschichte kennen. Dazu gehört auch, dass meine Vorfah-

ren väterlicherseits jüdische Wurzeln hatten. Jüdischer konnte man ja gar nicht heißen: Herzfeld. Mir fällt dazu eine Episode ein, die vielleicht meinen Vater ein wenig beschreibt, aber auch mein Verhältnis zur Schweiz. Es war Ende 1944, als ein SS-Offizier bei uns erschien und sagte, er habe heute meines Vaters Todesurteil unterschrieben. Dr. Herzfelds Name hätte auf der Deportationsliste gestanden. Als Arzt habe er jedoch seine Mutter gut behandelt, weshalb er ihm rate, noch in der Nacht aus Dresden zu verschwinden, um sein Leben zu retten. Seine Frau – also meine Mutter – sei Schweizer Staatsbürgerin, die sei sicher, wie auch die sechs Kinder. Aber er müsse untertauchen.

Freunde in Hohnstein versteckten meinen Vater bis Kriegsende. Dresden war zerbombt und wir am Verhungern. Mutters Bruder – mein Onkel Max Huber – holte uns Herzfelds in die Schweiz. Der Rote-Kreuz-Zug brauchte vier Tage bis Bern. Onkel Max brachte uns auf einem Gut in Krummholzbad unter, etwa fünfzehn Kilometer östlich von Bern gelegen. Dort bezogen wir ein Stöckli. So hießen die Auszugshäuser auf Bauernhöfen: Ins Stöckli zog der Bauer ein, wenn er den Hof an seinen Sohn übergeben hatte, also so eine Art Alterssitz.

Mutter half auf dem Bauernhof. Wir wollten ursprünglich nur wenige Wochen dort bleiben. Doch daraus wurden Monate, schließlich Jahre. Deutschland war inzwischen in Besatzungszonen geteilt, Dresden befand sich in der sowjetischen Zone. Entweder ließen die Russen uns nicht rein oder die Westmächte uns nicht raus.

Das Stöckli in Krummholzbad in der Schweiz, von 1943 bis 1947 Heimat der Herzfelds aus Dresden

Der Onkel heuerte 1947 zwei Schleuser an. 10.000 Schweizer Franken in Gold, wenn ihr meine Schwester und ihre Kinder heil nach Dresden bringt. 10.000 Schweizer Franken in Gold! Das wäre heute eine Viertelmillion Euro …

War der Uhrenfabrikant der Verwandtschaft überdrüssig, wollte er sie loswerden?
Nein. Das Heimweh war so stark wie die Liebe. Heidi Herzfeld-Huber wollte unbedingt nach Hause zu ihrem Mann, zu unserem Vater.

Haben Sie noch persönliche Erinnerungen an diese Zeit in der Schweiz?
Ich habe zwei Jahre dort zugebracht, bei meiner Rückkehr in Dresden war ich vier. Die Zeit hat mich

durchaus geprägt, ich habe etliche Bilder noch im Kopf, etwa wie wir mit diesen beiden Schleusern – ich glaube, es waren Kriminelle – durch die Wälder fuhren.

Wie alt waren Ihre Geschwister damals. Sie waren vier.
Ich war die Jüngste. Und wir lagen alle so an die fünf Jahre auseinander. Mein jüngster Bruder war Urs, meine jüngste Schwester Veronika, genannt Genni, dann kamen Klaus, Walter und die älteste Schwester Katharina. Sie sind inzwischen alle tot, ich bin die Einzige, die von uns sechs Herzfeld-Kindern noch lebt.

Dresden nach dem Krieg: Es war gewiss nicht leicht?
Eine milde Bezeichnung. Es gab nichts zu fressen! Wir haben gehungert wie wohl die meisten Menschen.

Ihre Mutter war unverändert Schweizer Staatsbürgerin?
Ja, und es war ihr Wunsch, dass auch ihr geliebtes jüngstes Kind diese Staatsbürgerschaft bekäme. Die konnte man in einer Botschaft mit 21 Jahren beantragen. Aber 1965 gab es keine Vertretung der Eidgenossen in der DDR.

Es war die Zeit des Kalten Krieges, Bonn hatte die internationale Isolierung der DDR durchgesetzt. Gemäß Hallstein-Doktrin wurde die Anerkennung der DDR durch Drittstaaten als feindlicher Akt betrachtet und mit Sanktionen bestraft. Deshalb hielten sich alle zurück. Die Schweizer Eidgenossenschaft war aber der erste neutrale Staat, der diplomatische Beziehungen zur DDR aufnahm,

das war am 20. Dezember 1972, anderentags folgten Österreich und Schweden. Danach kamen alle anderen. Soweit ich weiß, hatte die Schweiz schon Jahre vorher bilateral mit der DDR verhandelt, allerdings ohne sichtbares Resultat. Es ging wie immer ums Geld: Bern wollte die Schweizer Interessen auf dem Territorium der DDR entschädigt haben – etliche Betriebsbeteiligungen waren nunmehr volkseigen, also VEB. Berlin war aber zu Zahlungen weder willens noch fähig. Keine Kohle, keine Botschaft … Und für Sie darum 1965 keinen Schweizer Pass.
   So ist es.

Nun aber wollen Sie ihn haben. Warum? Um den Wunsch Ihrer Mutter doch noch zu realisieren?
   Ich habe viele Jahre mit mir gerungen, ob ich diesen Schritt mache. Ich will ja meine deutsche Staatsbürgerschaft nicht eintauschen. Nur dem Wunsch meiner grandiosen Mutter folgen, da haben Sie Recht. Nun bin ich sehr gespannt, wie das geht.

Staatsbürgerschaft heißt ja nicht unbedingt, dass man dort hinzieht. Sie werden also hierbleiben?
   Selbstverständlich!

Es ist, wenn ich das höre, mehr eine sentimentale Erinnerung, weshalb Sie Schweizerin werden wollen. Oder gibt es auch andere Gründe?
   Tja, mein Lieber, da fragen Sie zurecht. Ich habe Kinder, und ich habe Enkelkinder, die damit, wenn ich Schweizerin bin, das Recht bekommen, auch Schweizer

Herzfeld-Quartett in Helvetia, 1946.
Von links nach rechts: Claudia, Schwester Katharina,
die Mutter und der Bruder Urs

Staatsbürger zu werden. Ich denke, in diesen unsicheren Zeiten – wenn es in Europa zum Showdown kommen sollte – habe ich in der neutralen Schweiz einen Ankerplatz. Das ist ein sehr wesentlicher Punkt meiner Überlegungen gewesen. Also nicht nur ein sentimentales Irgendwas.

Also politische Gründe.
Ja.

Aber die Schweiz ist nicht anders als Deutschland, dort herrscht der gleiche Kapitalismus.
Ja, ich weiß.

Und wenn es zum dritten großen Knall kommen sollte, weiß niemand, ob dann die Schweiz so neutral und unberührt bleiben wird wie im Ersten und im Zweiten Weltkrieg.

Das weiß niemand. Daran denke ich ohnehin nicht. Die atomare Wolke wird nicht vor den Alpen stoppen.

Die Hürden für die Staatsbürgerschaft sind ziemlich hoch, hatten Sie angedeutet.

Allein ein Vierteljahr habe ich gebraucht, um alle Dokumente zusammenzukriegen. Die Bürokratie hat Methode, mir ihr verfolgt man eine bestimmte Absicht.

Ich war im vergangenen Jahr in Uganda, um für ein Buch zu recherchieren. Dort habe ich mit der Schweizer Konsulin gesprochen. Auch in Uganda ist das Bedürfnis insbesondere unter Jugendlichen groß, nach Europa zu gehen, speziell in die Schweiz. Erstens steht der Sitz des Konsulats in Kampala – eine Außenstelle der Schweizer Vertretung im Nachbarstaat Kenia – in keinem Telefonbuch. Es finden dennoch welche diese Adresse. Dort können sie, zweitens, einen Vorantrag stellen, der mit einer finanziellen Vorleistungen verbunden ist. Da werden die nächsten aussortiert, weil sie dazu nicht in der Lage sind.

Wie viel?

Die Konsulin sprach von rund 900 Franken, die der »Rekurrent« als »Rekurs« auf den Tisch legen muss. Es würden nach intensiver Prüfung mehr und mehr Visa verweigert aus Furcht, dass die Reisenden – obgleich sie angaben, als Touristen oder Studierende zu fahren – in der Schweiz untertauchen könnten.

Und das war's dann?

Nein, der Abgelehnte kann juristisch gegen den Bescheid vorgehen. Das kostet dann noch einmal. Und der Ausgang ist offen. Mit einem Wort: Die Zahl der Ugander, die auf legalem Wege in die Schweiz kommen (und da geht's nicht einmal um die Staatsbürgerschaft, sondern um einen befristeten Aufenthalt), ist sehr klein. Die Hürden sind bewusst sehr hoch gesetzt.

Die Botschaft hat mich informiert, dass sie meine Unterlagen erst weiterreichen werde, wenn ich erstens zu einem persönlichen Gespräch erschienen wäre und zweitens eine schriftliche Prüfung mit Erfolg gemeistert hätte. Ich habe dann in einer Mail freundlich darauf hingewiesen, dass ich bereits jenseits der Siebzig sei, worauf mir nicht minder freundlich geantwortet wurde, dass die Bedingungen für alle gleich seien. Will heißen, ich müsse über Politik, Wirtschaft, Geografie, Kultur der Schweiz hinlänglich Bescheid wissen.

Verstehe ich das richtig: Auch Sie werden examiniert?

Ja. Ich bin aber zuversichtlich, dass ich den Pass bekommen werde. Nicht weil ich alles wüsste, was man mich fragen wird, sondern ich habe das Recht auf meiner Seite: Meine Mutter, meine Großmutter, meine Urgroßmutter waren gebürtige Schweizerinnen. Mit diesem Hinweis habe ich auch um die erleichterte Einbürgerung nachgesucht.

Was bedeutet das?
Das weiß ich nicht, ich werde sehen.
Es gibt zwanzig Fragen, die ich in der Botschaft schriftlich beantworten muss. Ohne Handy und ohne Google. Was ich ohnehin nicht könnte, dazu bin ich technisch zu unbegabt.
Die Botschaft hat mich bereits gefragt, welche Landessprachen ich spreche. Französisch und Deutsch, sagte ich. Das reiche, antwortete man dort. Nur die Papiere reichten ihnen nicht. So musste ich beispielsweise auch die Dokumente meiner Tochter Sophia beibringen, die elf Jahre Jahre in der Schweiz gelebt hatte.

Sophia war, darauf werden wir gewiss noch zu sprechen kommen, bereits zu DDR-Zeiten zur Ausbildung bei Sir Yehudi Menuhin …
Ja, er hatte das nachgefragte Dokument unterzeichnet. Auch da musste ich das Original vorlegen. Kopien genügten den Schweizern nicht.

Obwohl Sie erklärt hatten, dass Sie nicht die Absicht hätten, sich dauerhaft in der Schweiz niederzulassen.
Ja, das habe ich gesagt, und dass ich auch nicht beabsichtige, die deutsche Staatsangehörigkeit aufzugeben.

Das heißt also, wenn Ihnen die Staatsbürgerschaft zuerkannt werden sollte, erwachsen der Schweizer Eidgenossenschaft daraus keine Verpflichtungen, keinerlei Verbindlichkeiten. Sie müsste Ihnen keinen Ehrensold zahlen, keine Rente, keine Pflege.

Ach was, gar nichts. – Geradezu grotesk fand ich die Aufforderung, dass ich das Scheidungsurteil meiner ersten Ehe vorlegen musste. Ich war lediglich anderthalb Jahre verheiratet, ziemlich unglücklich, weshalb ich nach der Trennung alle Unterlagen, die mich an den Mann erinnerten, vernichtet hatte. Nun musste ich die beglaubigten Abschriften der Ehe- und der Scheidungsurkunde beibringen.

Führungszeugnis der Polizei?
Ja, darüber rede ich schon nicht mal mehr. Sie wollten auch eine Wohnsitzbestätigung vor der Eheschließung mit Rolf Reuter.

Sie haben ihn 1970 geheiratet. Und man wollte jetzt wissen, ob Sie davor ein Haus besessen haben?
Genau. Ich besaß aber kein Haus. Und man wollte ferner wissen, welche Staatsangehörigkeit ich *vor* der Eheschließung mit Reuter besessen habe, wie mein Stand gewesen sei und dergleichen bürokratischer Krempel. Ich habe mit Amtsgerichten, Standes- und Bürgerämtern korrespondiert, sogar mit dem Stadtarchiv in Leipzig, weil ich an der dortigen Karl-Marx-Universität Musikwissenschaften studiert hatte. Das Stadtarchiv hatte bei der Staatsbürgerschaft »DDR« eingetragen, also mit Anführungszeichen. Wo leben wir denn!? Wir sind doch nicht in den sechziger Jahren und nicht im Westen. Ich habe also wie immer geschrieben: Nationalität deutsch, Staatsbürgerschaft DDR – ohne Gänsefüßchen. Das war ein anerkannter Staat.

Übrigens auch von der Schweiz.
Na, selbstverständlich, aber das dämliche Stadtarchiv in Leipzig schreibt mich in Anführungsstrichen. Das fand ich wirklich sehr scharf.
Ich werde Sie auf dem Laufenden halten, ob ich die Prüfung bestanden habe oder nicht.

Wenn Sie Staatsbürgerin der Schweiz sind, haben Sie doch auch das aktive und das passive Wahlrecht dort?
Vermutlich, aber ich werde vorsichtshalber nachfragen. Immerhin dürfen Frauen seit 1971 in der Schweiz wählen. Nur Portugal und Liechtenstein waren später dran … Vielleicht fiele mir in der Schweiz die Entscheidung leichter, wem ich meine Stimme geben sollte – in Deutschland wüsste ich es nicht. Die Linken sind mir gegenwärtig zu blöd – es wäre ihre Stunde als Opposition, doch sie beschäftigen sich nur mit sich selbst und nicht mit den tatsächlich sozialen Problemen im Lande. Die Rechten kann ich schon aus Prinzip nicht wählen. Die CDU ist mit Frau Merkel für mich gestorben, von der FDP weiß ich zu wenig, ich bin kein Wirtschaftsmensch, und die SPD kann man auch vergessen … Vielleicht sollte ich Jäger werden und mir eine Waffe kaufen.

Nein?
Doch. Sie ahnen ja nicht, wie viele Leute, die ich kenne, sich inzwischen einen Jagdschein besorgt haben.

Das ist jetzt ein Witz?
Damit scherzt man nicht.

Also der Einstieg in unser Gespräch war schon mal ganz nett. Wollen wir bei den Schweizer Vorfahren bleiben? Sie haben, wie ich sehe, einiges vorbereitet. Wollen wir nach diesen Stichworten arbeiten?
Gern.

Wie weit reichen die Schweizer Wurzeln? Reden wir zunächst über die Vorfahren mütterlicherseits.
Ausschließlich mütterlicherseits.

Wie hieß Ihre Mutter?
Im Ausweis stand Adelheid-Lina Huber, geboren am 7. Oktober 1905 in Mülchi im Kanton Bern, gestorben 1988.

In der DDR oder in der Schweiz?
Hier in Berlin.

Die Eltern waren Lehrer, sagten Sie vorhin. Und die Großeltern, was machten die?
Das weiß ich nicht.

Ihre Mutter hatte zwei Brüder?
Ja, den schon erwähnten Max und Erwin. Max Huber war ziemlich vermögend, hatte eine Uhrenfabrik in Biel, aber keine Kinder. Deshalb hat er sich sehr um uns gekümmert. Er war Offizier und erzählte mir, wie er in seiner Armeezeit Brieftauben zur Übermittlung von Nachrichten eingesetzt hat. Das beeindruckte mich als Kind sehr.

Claudia Herzfeld mit der großen Schwester Katharina, Krummholzbad in der Schweiz, 1946

Biel ist seit dem 19. Jahrhundert ein Zentrum der Schweizer Uhrenindustrie. Rolex, Swatch, Omega …

Keine Ahnung, welche Marke Onkel Max produziert hat. Aber er war erfolgreich, wenn er 10.000 Franken locker für eine LKW-Fahrt nach Dresden hinlegen konnte. Allerdings ging sein Unternehmen in den fünfziger, sechziger Jahren pleite, und er gab sich die Kugel.

Sie meinen das jetzt metaphorisch?
Nein, er hat sich wirklich erschossen, was meine Mutter schwer getroffen hat. Onkel Max war mit Frieda – *Friedale* auf Schwyzerdütsch – verheiratet, die Ehe blieb kinderlos. Tante Frieda galt als bigott. Ich habe keine Erinnerung an sie, und in den Familienerzählungen kam sie nicht gut weg.

Onkel Erwin hingegen hatte zwei Kinder, mit meiner Cousine Susi verstand ich mich ganz gut. Sie heiratete später einen Bürki. Die sind alle schon lange tot. Von meinem Schweizer Familienzweig lebt keiner mehr, bis auf eine Großcousine meiner Mutter, die in Melide am Luganer See unweit der italienischen Grenze wohnte. Ich hielt nach dem Tod meiner Mutter noch Kontakt zur Via alla Piana, doch der schlief auch irgendwann ein.

Wenn Sie keine Verwandten mehr in der Schweiz haben: Was zieht Sie dorthin? Kam die Überlegung spontan, oder war sie älteren Ursprungs?
Den Wunsch hatte ich schon zu DDR-Zeiten, nur war er damals nicht realisierbar, obwohl mein Mann und ich sehr mit Dr. Peter Dietschi befreundet waren.

Dietschi?
Er war von 1982 bis 1987 Botschafter der Schweiz in der DDR und ein wunderbarer Cellist. Er spielte

wirklich hervorragend Cello und war ein Wissender. Wir verbrachten in der Residenz in der Kuckhoffstraße wundervolle Abende. Seine Frau war Sängerin. Ich formuliere das mal ganz diplomatisch: Ihr musikalisches Können reichte nicht ganz an das ihres Mannes heran.

Was war er für ein Mensch?
Ein grundgütiger, sehr gebildeter Mann. Er kannte die DDR wie seine Westentasche. Und wir dankten ihm vieles, unter anderem bewahrte er in der Botschaft den Schweizer Pass meiner Mutter auf, mit dem sie in den Westen fuhr, ohne dass sie sich um ein Ausreisevisum bemühen musste.

Dietschi verstand viel mehr die politischen Zusammenhänge als unsereiner, war souverän und ließ sich von keiner Seite beeinflussen oder gar vereinnahmen. Und er half verschwiegen und verlässlich, wenn Hilfe nötig war.

Da war zum Beispiel der Fall P., eine befreundete Familie. P. war Musiker, seine Frau spielte im Rundfunksinfonieorchester, ihre Kinder waren hochbegabte Geiger und besuchten die Musikhochschule »Hanns Eisler«. Der Mann kam von einer Tournee nicht zurück, blieb im Westen. Einer der Musiklehrer – dessen Namen ich hier nicht nennen werde – erklärte niederträchtig, dass er die Kinder eines Republikflüchtlings nicht weiter unterrichten werde.

Mein Mann und ich brachten Susanna und Franziska an der Hochschule für Musik »Felix Mendelssohn Bartholdy« in Leipzig unter. Wir waren mit dem Rektor

Gustav Schmahl befreundet, ein Anruf genügte. Unterdessen bemühte P. im Westen und im Osten alle dafür zuständigen Institutionen, damit seine Familie nachkommen konnte. Doch er kam nicht weiter, augenscheinlich wollte die DDR an ihm ein Exempel statuieren, um Wiederholung zu verhindern. Vielleicht war's auch nur bürokratischer Unwille. Ich weiß es nicht, bekam aber aus unmittelbarer Nähe mit, wie die Familie unter der Trennung litt. Was also tun?

Ich lud in den Iderfenngraben 46 zur Konfirmation von Sophia ein, mit viel Musik, Kaffee, Kuchen und Kindergeschrei. Auch der Schweizer Botschafter und seine Frau waren gekommen – schließlich hatte ich die

Sophias Konfirmation im Berliner Dom, 1985. Neben ihr Vater Rolf Reuter, links außen die Mutter

Feier nur seinetwegen veranstaltet. Obgleich den äußeren Anlass Sophias Konfirmation geliefert hatte.

Meine Töchter musizierten und und auch die beiden Kinder von P., der inzwischen seit zwei Jahren erfolglos um die Familienzusammenführung kämpfte. Ich erzählte Dietschi nach dem Konzert die Geschichte der Familie P., nicht ohne auf die beiden Töchter zu verweisen, die er habe spielen hören. Er sagte nur kurz: »Frau Reuter, ich kümmere mich darum.«

Irgendwann kam er auf einen Kaffee zu uns. Wir gingen ein paar Schritte, und Dietschi sagte, er habe mit Rechtsanwalt Wolfgang Vogel gesprochen.

Honeckers Beauftragter für solche Fälle.
Und der habe ihm zugesichert: Spätestens in acht Wochen seien Frau P. und die Kinder draußen.

Und?
Nichts und. So kam es. Und darüber bin ich noch immer froh. Es klingt jetzt blöd, wenn ich das sage, aber es ist gut, wenn man ein bissel was Gutes im Leben getan hat.

Zurück zu den Schweizer Wurzeln. Sie hatten vorhin gesagt, es gebe keinen mehr aus der Familie dort.
Nein, keine Person, kein Anwesen, nichts. Aber es gibt natürlich Erinnerungen und Orte. Nachdem wir Westen geworden waren, bin ich mit Freunden aus München nach Krummholzbad gefahren. Ich habe den Ort sofort wiedererkannt – es war Heimat, die ich mit

vier Jahren verlassen hatte. Ich habe mich den Besitzern vorgestellt und gesagt, dass wir bis 1947 im Stöckli gewohnt haben.

Und da waren alle Kindheitserinnerungen wieder da. Dreihundert Meter vom Haus begann der Wald. Dort haben wir mit der Mutter Pilze gesammelt, was die Schweizer irritierte: Die aßen nämlich keine Waldpilze.

Warum nicht?

Keine Ahnung … Und am Wald floss ein Bach. Das Wasser war so klar, dass man die Fische darin flitzen sah. Meine Brüder stachen dort Forellen, die wunderbar schmeckten.

Oder früh am Morgen, wenn die Rinder auf die Weide getrieben wurden, durfte ich auf der Leitkuh reiten. Nachmittags um vier gab es das berühmte *Zvieri*, eine Zwischenmahlzeit (am Vormittag hieß das Pausenbrot *Znüni*). Das war immer etwas ganz Besonderes. Mutter kam mit einem großen Korb. Ich hatte einen Puppenwagen, in dem ich ein zahmes Huhn spazierenfuhr, und eine zahme Katze lag auch drin. Wir setzten uns an den Brunnen, aus dem frisches Wasser sprudelte, und speisten miteinander.

Der Bauernhof war riesig. Und er war auch noch groß, als ich ihn als Erwachsene besuchte. Wir wissen ja: Was in der Kindheit groß ist, schrumpft mit den Jahren. Die Milch stand in großen Bottichen, und Mutter ging mit einem Schüfeli, also mit einer kleinen Schaufel und schöpfte den Rahm ab, der hieß auf Schwyzerdütsch »Nidle«. Daraus machte sie Nachspeisen, sie waren unvergesslich. Ich habe nie wieder solche Köstlichkeiten gegessen. Was heute als *Crème double* angeboten wird, ist allenfalls ein Abklatsch von diesem Nidle.

Der Höhepunkt unseres Aufenthaltes war ein Besuch des Rheinfalls bei Schaffhausen an der Grenze zu Deutschland. Dass es sich um eben diesen Ort handelte, habe ich natürlich erst später erfahren. Wir Kinder wurden eines Tages im Spätherbst 1946 ordentlich angezogen, Onkel Max fuhr mit einem großen Auto vor und lud uns alle ein. Die Fahrt dauerte mehrere Stunden, wir passierten eine große Stadt – es war Zürich –, dann stiegen wir aus. Es ging zu Fuß eine Straße hinauf, wir passierten eine Brücke, später kam ein Gasthaus, in dem wir einkehrten. Nach dem Essen griff meine Mutter meine Hand, wir beide wanderten allein weiter, passierten ein Häuschen, vor dem Soldaten standen, die mich sehr beeindruckten. Schließlich erreichten wir ein Rondell mit hellem Kies, eingefasst von Büschen, deren Blätter schon ziemlich gelb waren. Davor standen Bänke. Auf einem dieser Bänke saß ein Mann, allein. Mutter steuerte auf ihn zu, umarmte und küsste ihn. Mir war das unangenehm. Sie redeten und redeten, und ich langweilte mich. Ich streute dem Mann, der angeblich mein Vater war, Kies übers Hosenbein, was ihn aber nicht sonderlich zu stören schien. Er lachte nur, strich mir verlegen über den Kopf und wandte sich gleich wieder meiner Mutter zu, dieser großen, schönen, stattlichen Frau. Ich war drei Jahre alt, mit mir konnte er merklich nichts anfangen.

Was ich erst später erfuhr: Onkel Max hatte die Grenzer bestochen, dass sie eine Stunde lang durch die Finger schauten, meine Mutter und mich auf deutsches Gebiet gehen und auch wieder in die Schweiz einreisen ließen. Ich erinnere mich ferner, dass Mutter nach dem Abschied nur rückwärts lief, mit Blick auf den winkenden Mann, und dabei weinte, furchtbar weinte. Noch nie hatte ich Tränen bei meiner Mutter gesehen, sie war doch eine so starke Frau.

Dieses arrangierte Treffen an der Grenze war wie zustandegekommen?
Onkel Max hatte unter Einschaltung des Apostolischen Nuntius, also dem Vertreter des Vatikans bei der Schweizer Regierung, in Erfahrung gebracht, dass sein Schwager – mein Vater – den Krieg überlebt hatte und wieder in Dresden praktizierte. Und irgendwie war dann die Verabredung für das Treffen im deutsch-schweizerischen Grenzgebiet getroffen worden.

Wieso ist Ihr Vater wieder nach Dresden zurückgekehrt? Er hätte doch zu Ihnen in die Schweiz kommen können.
Ja, mein Onkel hat ihm das auch vorgeschlagen. Als Arzt könne er gut in der Schweiz leben, hatte er gesagt, komm zu uns.

Warum hatte er abgelehnt? Aus Heimatliebe oder aus Verantwortung gegenüber seinen Patienten.
Letzteres.

Tatsächlich?

Ohne Wenn und Aber. Dr. Walter Herzfeld, sein Vater, mein Großvater, war ein sehr bekannter Armenarzt in Dresden-Pieschen. Und mein Vater sah sich in dieser verpflichtenden Tradition. Er hatte wie sein Vater eine sehr ausgeprägte soziale Ader.

Der Vater meines Großvaters, also mein Urgroßvater, war ein berühmter Rechtsanwalt in Halle, daher auch unser sehr starkes Gerechtigkeitsempfinden. Er sollte Ehrenbürger von Halle werden. Weil er aber Jude war, verweigerten ihm einige diese Würdigung. Daraufhin konvertierte er zum Christentum und ließ sich taufen. Das hat uns aber nichts genützt. Sein Enkel, mein Vater, der sich keineswegs als Jude gesehen hat, kam dennoch auf die Deportationsliste. Darüber sprachen wir ja bereits.

Wie alt war Ihr Vater damals, als Sie ihn als Dreijährige im Grenzgebiet trafen?

Er war Jahrgang 1895, also bereits über fünfzig. Ich besaß die Stirn, als Teenager diesem Mann ins Gesicht zu schleudern: Ich möchte junge Eltern haben! Du bist alt und immer nur krank (dabei war meine Mutter neun Jahre jünger als er). Erst Jahre später wurde ich mir dieser Ungeheuerlichkeit bewusst. Und dabei liebte ich meinen Vater über alle Maßen.

Nun ja, in diesem Alter zwischen Kindheit und Erwachsensein ist man schnell mit dem Wort und macht auch manch anderen Blödsinn. Aus der Perspektive eines zwölf-, dreizehnjährigen pubertierenden Mädchens sind natürlich ein Mann um die fünfzig und eine Frau in den Vierzigern wirklich schon uralt ...

Danke für die Nachsicht. Es war aus verschiedenen Gründen ungerecht. Wenn ich bedenke, dass Vater mehrere Demarkationslinien illegal passierte hatte, um zu uns zu kommen, und falls ihn die Amerikaner oder die Russen aufgegriffen hätten – wer weiß, was ihm alles hätte widerfahren können? Es war ein Jahr nach dem Krieg und die Lage im Land unverändert gefährlich Und diese Mann schlug sich von Dresden nach Schaffhausen durch, rund siebenhundert Kilometer Luftlinie, um sechzig Minuten lang seine Frau und sein jüngstes Kind zu sehen. Und dann wieder siebenhundert Kilometer zurück. Das war unendliche Liebe!

Wo waren unterdessen Ihre Geschwister und Onkel Max?

Die warteten im Gasthaus. Und ich freute mich auf das Eis, das Onkel Max mir versprochen hatte, als Mutter und ich uns auf den Weg gemacht hatten.

Sie blieben noch ein weiteres Jahr in der Schweiz, ehe es auf dem LKW zurück nach Dresden ging?

Ja.

Hatten Sie Gepäck dabei?

Ich glaube nicht. Und wenn dann ganz wenig.

Wegen der Kriminellen, die den LKW steuerten?

Nein, weil wir nichts besaßen. Im Übrigen scheint mir das Wort »Kriminelle« – ich weiß, ich habe es benutzt – doch etwas deplaziert. Es waren Abenteurer, vielleicht Hasardeure, denn wer wie sie in dieser unsicheren Nachkriegszeit quer durch Deutschland fuhr, musste was am Kopp haben.

Oder scharf sein auf 10.000 Goldfranken.
Ja, vielleicht war dies das ausschlaggebende Moment. Aber mein Onkel hat ihnen vertraut.

Ihre Eltern bekamen 1953 Post aus Moskau, dass die Familienzuführung in Dresden abgelehnt werde. Aber da lebten sie doch schon fast sechs Jahre in Dresden. Wie kam denn das?
Kurios, nicht? Vater hatte 1946/47 bei den sowjetischen Besatzungsbehörden um die Erlaubnis gebeten, dass seine Frau und seine Kinder aus der Schweiz zurückkehren dürften, wozu sie ja Einreisepapiere brauchten. Keine Reaktion.
Erst 1953 kam die Absage.

Stalin war gestorben und die DDR vielleicht in dieser Phase so mutig, die Beantwortung solcher Anfragen in Moskau einzufordern, wie sie auch die Erledigung anderer Probleme verlangte – etwa die Rückführung der letzten Kriegsgefangenen aus der Sowjetunion. Es wird heute immer so getan, als habe Adenauer sie »heimgeholt«, nein, das waren Pieck und Ulbricht, wie wir inzwischen aus den Akten wissen.
Mag sein, jedenfalls nahmen die Behörden 1947 nicht daran Anstoß, als wir wieder nach Dresden

zurückkehrten. Wir bekamen unsere Lebensmittelmarken und andere Zuteilungen auch.

Und niemand hat gesagt: Gehn Sie doch rüber!
Doch, indirekt schon. Vater starb 1960, mit 65 Jahren. Mutter – sie überlebte ihn 28 Jahre – bekam eine Rente von 348 Mark. Als sie mal anmerkte, dass sie Schweizer Staatsbürgerin sei, wurde ein Amtsschimmel in Dresden wach und sagte, dass sie dann ihre Altersversorgung aus der Schweiz beziehen müsse. Daraufhin ließ meine Mutter sofort ihre Staatsbürgerschaft »ruhen«. Und bekam weiter die niedrige DDR-Rente. Aber nach dem Tod ihres Mannes reiste sie als Rentnerin regelmäßig in die Bundesrepublik, und von dort fuhr sie mit dem Schweizer Pass in ihre alte Heimat.

Inwieweit spielte die Schweiz in Dresden noch eine Rolle? War die Familientradition präsent?
Und ob! Wir feierten immer den 1. August, das war der Bundesfeiertag, der seit 1899 in der Schweiz begangen wurde. Oder diese eingebundenen Eier hier …

Ich habe mich schon gefragt, was das ist.
Das sind gekochte Einer, mit Zwiebeln gekocht, mit Speck abgerieben und mit Blättlein aus dem Garten umwickelt. Die müssen wir jetzt tüpfen.

Was heißt das?
Gegeneinanderstoßen, Spitze gegen Spitze.

Da gehen sie aber kaputt.
Is doch wurscht.

Ihr rosafarbenes Ei ist heil geblieben, mein braunes kaputt. Ich habe wohl verloren.
Nein, das bedeutet Glück.

Weil ich das Ei jetzt essen kann?
So ungefähr. Aber eigentlich bekäme ich es.

Wie jetzt? Was ist das für ein komischer Brauch.
Naja, der Gewinner – also dessen Ei beim Tüpfen heil bleibt – bekommt immer das kaputte Ei des Unterlegenen. In den Gasthöfen, aber auch daheim in den Familien, standen immer große Schüsseln mit solchen Eiern. Und die Gewieften hatten immer ein braunes Ei aus Holz dabei und gewannen damit jedes Eierduell.

Zum Brauchtum gehörten auch bestimmte Speisen. Onkel Max schickte jeden Monat ein Paket aus der Schweiz mit Lebensmitteln. Dabei war immer Burewurst, eine grobe, fetthaltige Wurst, Schokolade und Ruchsbrot. Das gibt es nur in der Schweiz. »Ruch« heißt nicht Rauch, sondern rau, weil das dafür genutzte Mehl nur grob gemahlen wurde, es enthält noch die äußeren Schalenschichten des Korns. Es schmeckte köstlich. Weil aber die Post von Bern nach Dresden sehr lange unterwegs war, kam das Ruchsbrot oft verschimmelt an. Mutter kratzte den Schimmel ab und zerteilte, meist unter Tränen der Rührung, das steinharte Brot. Dieses Brot war für sie Heimat! Jeder bekam ein Stück.

Auch die Tafel Schokolade wurde gerecht verteilt. Dazu saßen wir am Sonntagmorgen im Bett der Eltern, und Vater erzählte beim Verteilen eine Geschichte, die natürlich in der Schweiz spielte. Da gab's einen berühmten Zauberer, der in den Bergen bei den Zwergen lebte und nur alle hundert Jahre für 24 Stunden auf die Erde durfte. Und Vater fantasierte, was das Zeug hielt. Der Zauberer entdeckte viel in der kurzen Zeit. Da aber die Geschichte mehrere tausend Jahre lang war, musste er auch entsprechend oft auf die Erde kommen – was waren da schon hundert Jahre? Die letzte Geschichte – das war schon nach Vaters zweitem Herzinfarkt – endete damit, dass dem Zauberer am Thunersee ein wunderschönes Mädchen begegnete, das ihn so in seinen Bann zog, dass er vergaß, um Mitternacht in seine Berghöhle für die nächsten hundert Jahre zurückzukehren. So war er gezwungen, hundert Jahre auf der Erde zuzubringen … Natürlich wussten wir Kinder, dass das schöne Mädchen unsere Mutter war, weshalb ich in meiner kindlichen Vorstellung annahm, mein Vater würde mindestens hundert Jahre alt werden. Selbst als er noch Sprechstunde vom Krankenlager aus abhielt, glaubte ich noch an sein ewiges Leben. Ich war gerade sechzehn und er Mitte sechzig, als er starb.

Aber Ihr Vater stammte doch gar nicht aus der Schweiz.
Das ist richtig. Aber er ist mit seinem Vater oft dort gewesen. In jedem Jahr unternahmen sie lange Wandertouren. Später, als er meine Mutter geheiratet hatte, fuhr er mit ihr, dann kamen die Kinder mit, so lange

dies ging. Mein Vater hatte jedenfalls eine ganz intensive Beziehung zur Schweiz.

Mein Großvater Walter, Vaters Vater, hatte in Bern studiert, in jener Zeit war auch seine Liebe zu den Schweizer Bergen erwacht. Er war Mitglied des 1863 gegründeten Schweizer Alpen-Clubs und erhielt nach 25 Jahren das Veteranenabzeichen mit dem Goldenen Bären … Also diese Neigung zum Bergwandern und Bergsteigen hat er weitergegeben.

Und wie ist das mit dem Schwyzerdütsch? Man hört das nicht mehr durch, die Lautfärbung klingt mehr nach der Sächsischen als nach der alpinen Schweiz.

Mutter sprach mit mir Schwyzerdütsch, bis ich in die Schule kam. Dann verkehrten wir nur noch auf Deutsch miteinander. Allerdings – und das hielt ich auch mit meinen Kindern und Enkelkindern so –: gesungen und gebetet wurde auf Schwyzerdütsch.

Die Schweiz lebte in unserer Familie, ich sagte es ja bereits, in bestimmten Ritualen und Gewohnheiten fort. Zum Beispiel in der Berner Platte.

Was ist das?

Ein Bohnengericht. Das wird eigentlich aus getrockneten Bohnen angerichtet, bei uns gab's aber frische Gartenbohnen, dazu in Stücke geschnittene Burewurst. Das köchelte dann ein paar Stunden. Das Essen war wie der Himmel auf Erden. In der DDR nahm ich in Ermangelung von Burewurst Jagdwurst. Fünf Pfund Bohnen, darunter brauchte man gar nicht erst anzufangen.

Weiße Bohnen?
Nein. Grüne Bohnen.

Fünf Pfund?
Wir waren damals immer sehr viele Esser bei uns zu Hause in Dresden. Die Eltern, wir Kinder, die Sprechstundenhilfe, zwei Haushaltshilfen … Beliebt waren auch die Röstis.

Kartoffelpuffer?
Geriebene Kartoffeln, Hälfte roh, Hälfte gekocht. Und dann gebraten. Natürlich kamen auch die Kartoffeln aus unserem Garten. Es war alles sehr speziell. Oder Öpfküchli …

Apfelkuchen?
Nein, kein Kuchen. Das waren Apfelringe, umhüllt von einem speziellen Teig. Und die wurden in siedendes Öl geworfen und goldbraun gebacken, danach ließ man das Öl abtropfen, wälzte die Küchli in Zimtzucker und aß sie warm.

Kochen und backen Sie nach Schweizer Rezepten?
Aber sicher. Ich hänge unverändert an den Rezepten, die von der Mutter kommen, aber auch an denen von der Großmutter väterlicherseits aus Niederschlesien, aus Sagan (heute polnisch Żagań). Sie starb schon in den fünfziger Jahren.

Wie intensiv war die Verbindung zur Schweizer Verwandtschaft? Immerhin gab es den »Eisernen Vorhang«, um einmal diesen vom Westen in der Propaganda des Kalten Krieges gern benutzten Begriff zu gebrauchen. Den übrigens, was damals kaum eine Rolle spielte und heute niemand mehr weiß, Reichspropagandaminister Joseph Goebbels im Februar 1945 kreiert hatte. Er war ja Theatergänger ...

Die regelmäßigen Paketsendungen erwähnte ich bereits. Solange mein Großmueti lebte – auch sie starb in den fünfziger Jahren – rief sie jeden Monat einmal an. Und auch Onkel Max tat es: zwei Anrufe aus der Schweiz in jedem Monat. Unser Telefon stand im Korridor, aber Mutter benutzte es im Schlafzimmer. Sie setzte sich auf das eheliche Bett, ich setzte mich dazu, um mitzuhören. Ich wollte einfach die mir vertraute Sprache hören, mit der ich aufgewachsen war.

Sie kamen im September 1949 in Dresden zur Schule. Wie war das? Gab es eine Zuckertüte?

Ja und nein. Die Lehrerin hat an die Tafel einen Baum mit Zuckertüten gemalt und gesagt, dass es zum Schulbeginn eigentlich eine Zuckertüte geben müsse. Doch vier Jahre nach dem Krieg herrschten Not und Elend, da fiel das aus. Diese Frau hat mir aus verschiedenen Gründen imponiert.

Und ja: Ich bekam eine Zuckertüte, die hatte meine Großmueti aus der Schweiz geschickt. Mein Vater aber erklärte: »Die nimmst du nicht mit in die Schule. Kein anderes Kind hat eine Zuckertüte.«

Das hat einen nachhaltigen Eindruck auf mich gemacht. Als meine Tochter Sophia 1977 in die Schule kam, wir lebten damals in Leipzig, habe ich viele kleine Zuckertüten gekauft und in unserem Garten damit einen Baum geschmückt. Jedes Kind in der Nachbarschaft bekam eine Zuckertüte.

Die Erinnerung an die zuckertütenlose Einschulung in Dresden verfolgt mich noch immer.

Das »Verbot« des Vaters war ja keine politische Geste in dem Sinne: Wir dürfen nicht zeigen, dass wir gute Westbeziehungen haben. Er wollte Sie einfach schützen, indem er Sie nicht herausstellte.

Ja. Es war eine Art soziale Geste. Die anderen hatten keine Beziehungen und darum auch keine Tüte. Es wäre ungehörig gewesen, ihnen diesen Unterschied bewusst zu machen.

Pädagogisch wertvoll und nicht zu beanstanden, würde ich sagen.

Wir waren privilegiert. In der Schweiz musste ich nie hungern, wir hatten alles, was wir zum Leben brauchten. Dass dies nicht normal war, bekam ich erst nach unserer Rückkehr nach Dresden mit. In der Schweiz gab es alles, in Deutschland so gut wie nichts.

Als ich 1949 schwer an Diphterie erkrankte, brauchte ich das Wundermittel Penicillin, um zu überleben. Welches es natürlich ebenfalls nicht gab. Onkel Max schickte das Antibiotikum nach Dresden, wie und auf welchen Wegen: Ich weiß es nicht. Die meisten Mediziner wussten nichts über dieses Medikament, nichts über mögliche Nebenwirkungen und dergleichen. Die Amerikaner hatten es für ihre Soldaten entwickelt, es war nach dem Krieg »auf dem Markt«. Wobei: ein »Markt« in dem uns bekannten Sinne gab es damals nicht, allenfalls illegale Schwarzmärkte, wo man auch solche Penicillin-Ampullen für Lebensmittel oder Zigaretten hätte eintauschen können.

Vater spritzte mir das Zeug in den Hintern, und natürlich reagierte ich allergisch. Ich lag bäuchlings auf einem Schwimmring. Tage-, vielleicht sogar wochenlang lebte ich isoliert von der Familie in unserer Bibliothek … Na, ich hab's überstanden.

Kinder nutzen solche Ausnahmesituationen aus. Sie spüren intuitiv das Erpressungspotential.
Genau. Ich habe bei meiner Mutter Essen bestellt, das ich aus der Schweiz kannte. Zum Beispiel Gschnetzeltes und Knödeli. Woher sollte meine Mutter die Zutaten bekommen? Aber so fragt man als Kind nicht. Sie hat irgendetwas gezaubert, dass es so schmeckte, wie ich es wünschte.

Die Schweiz im Herzen und im Kochtopf.
Unbedingt! Heute noch.

Wo haben Sie sich die Diphtherie geholt? Bei Patienten Ihres Vaters?
Wahrscheinlich. Es war an einem Sonntagmorgen. Vater spielte mit meinen Brüder Jass, das ist ein Schwei-

ter Kartenspiel, und ich bekam auf einmal furchtbare Halsschmerzen. Ich ging zu meiner Mutter in die Küche, sagte, dass mir der Hals so weh tue, worauf mir meine Mutter in den Mund schaute und ziemlich still wurde. »Geh mal zum Vati«, sagte sie. Und auch der wurde ganz still, als er mir in den Hals sah. Er nahm mich dann an die Hand und ging mit mir in die Praxis. Dann ging alles sehr schnell. Die Tür zwischen Esszimmer und Bibliothek wurde geschlossen, mein Kinderbett aus dem Schlafzimmer der Eltern in die Bibliothek gebracht. Nur Mutter durfte zu mir ins Zimmer kommen. Durch die Tür hörte ich meine Geschwister reden. Nach mehreren Wochen Quarantäne kam das Weihnachtsfest. Da war ich gesund, alles war wieder gut und ich wünschte mir einen Löwen wie Kinuli.

Kinuli?

Das war ein damals ziemlich populäres Kinderbuch von Wera Tschaplina. Die Biologin aus dem Moskauer Zoo hatte ein von ihrer Mutter verstoßenes Löwenjunges in ihrer Wohnung mit der Flasche aufgezogen und darüber geschrieben. Das Buch war noch vor dem Krieg in mehreren Sprachen erschienen.

Ich glaube, die Popularität der Geschichte fußte wohl auch auf der Tatsache, dass sie Kinuli in einer *Kommunalka* großzog, in einer typisch russischen Gemeinschaftswohnung. Im Buch war rührend beschrieben, wie der kleine Löwe durch die Räume tapste und für Unruhe sorgte.

Und so einen Löwen wollten Sie auch haben?

Ja. Weihnachten lief immer so ab: Wir Kindern warteten im dunklen Musikzimmer, dann gingen wir durch den zum Fürchten langen, finsteren Korridor bis zur Bibliothek, wo der Weihnachtsbaum stand. Eine quietschende Spieluhr wurde gedreht, dann folgten Glockenschläge – einmal, zweimal, dreimal –, schließlich wurde die Tür zum Wohn- und Esszimmer geöffnet. Dort lagen überall die Geschenke: auf dem Sofa, auf dem Tisch, auf der Kommode.

Für mich war eine große Kiste bestimmt. Ich öffnete sie. Es steckte nur Papier drin, sonst nichts. Ich war maßlos enttäuscht. Komm mal mit, sagte der Vater, und lotste mich in sein Sprechzimmer. Und dort stand unter seinem Schreibtisch eine Hundehütte. Nicht mit Kinuli, dem Löwenjungen, sondern mit einem kleinen braunen Pudel. Die Freude war riesig. Ich gab ihm den Namen Asra.

Kein Löwe, aber auch kein Schäferhund.

Ja, kein Schäferhund. Meine Eltern hatten vor dem Krieg einen Schäferhund, über den sie immer viele Geschichten erzählten. Der kam, kein Witz, zur Wehrmacht und wurde während des Krieges angeblich als Minenhund eingesetzt. Irgendwann kam die Nachricht, dass er für Führer, Volk und Vaterland sein Leben gelassen habe.

Weil es viele Familiengeschichten über den Schäferhund gab, hatte ich mir alternativ zu Kinuli einen Schäferhund gewünscht, bekam nun also einen Pudel. Ihm folgten danach nur Schäferhunde. Fünf in 45 Jahren. Ein Leben ohne Hund ist unmöglich. Halla ist mein siebter Hund.

Was ist sie für eine Rasse?
Eurasier, eine Kreuzung aus Chow-Chow, Wolfsspitz und Samojede. Ein sogenannter Familienbegleithund: anhänglich, sensibel, ruhig und selbstbewusst. Fremden gegenüber verhält er sich reserviert.

Das merke ich. Halla liegt die ganze Zeit unterm Flügel und beobachtet mich nur.
Die fünf Schäferhunde zuvor haben mich ausgepowert. In meinem Alter und mit einer operierten Hüfte kann man so ein großes Tier nicht mehr halten. Ich habe mich kundig gemacht, habe bei Konrad Lorenz nachgelesen, der seine Probleme mit den Überzüchtungen hatte und dann – back to the roots – drei asiatische und eine europäische Rasse kreuzte, und herausgekommen ist der Eurasier. Ein solches Tier habe ich mir dann ausgesucht, nachdem ich ein Jahr hundelos gewesen bin. Was für ein unglaublicher Unterschied zu einem Schäferhund! Der Eurasier ist wirklich ein ursprünglicher Hund, ganz scheu, der lässt sich nicht anfassen.

Die Schäferhunde gehorchten aufs Wort, waren ständig präsent, meine Haustür musste ich nie abschließen. Ich hatte keine Angst.

Halla ist ganz anders. Sie muss erst überlegen, ob sie gleich kommt oder doch noch ein bisschen wartet. Ich habe viel lernen müssen und lange gebraucht, ehe ich

Lebensretterin Alba, die Schäferhündin, mit Sophia im Garten des Hauses Am Iderfenngraben, Ostern 2007

mich von meiner letzten Schäferhündin wirklich gelöst und mich vollständig auf Halla eingestellt hatte. Nachdem der Gleichklang unserer Seelen hergestellt war, entstand eine Symbiose.

Meine wunderbare Tierärztin, die hier um die Ecke wohnt, hat diese Entwicklung auch so gesehen. Jetzt seid ihr eins, sagte sie.

Wie hieß Ihre letzte Schäferhündin?

Alba. Sie war sechs, als Rolf Reuter 2007 starb und hielt mich damals am Leben. Auch wenn dies vielleicht jetzt hart klingt: Nicht die Kinder, nicht die Enkel, sondern die Schäferhündin sorgte dafür, dass ich nicht zusammenbrach, indem sie täglich, stündlich die Verantwortung einforderte, die ich ihr gegenüber hatte. Dann kam Jahre später der Auszug aus unserem Haus Am Iderfenngraben. Alba hatte an ihrem zwölften Geburtstag – für einen Schäferhund ein beachtliches Alter – eine Magendrehung, ich ließ sie operieren. Sie und ich haben gemeinsam um ihr Leben gekämpft. Vier Monate lang. Sie war schwerkrank. Und dann dieser Umzug. Ich erkundigte mich bei Dr. Kunze, meinen wunderbaren Tierarzt, ob Alba das überstehen würde. Doch, sagte er, sie wird es überleben. Dann kamen die Umzugsleute, das Haus wurde drei Tage lang ausgeräumt, und der Hund konnte die Treppen nicht mehr gehen. Er lag nur noch. Und an jenem Morgen, als nur noch die Kaffeemaschine und mein Bett in dem geräumten Haus waren, lief dem Tier das Blut aus der Schnauze. Ich hab den Tierarzt kommen und Alba einschläfern lassen und anschließend in diesem herrlichen Garten begraben. Das war ein doppelter Abschied. Es war der 28. Mai 2013.

Danach bin ich hierher gezogen. Und wurde nicht heimisch, habe nicht mehr essen können, fühlte mich einsam und verlassen. Und die Sicherheit war auch weg.

Im Mai 2014 fand ich Halla. Und nun hatte ich auch wieder ein Zuhause …

Aprikosen in Pieschen und musikalischer Ritterschlag

Ich will noch einmal auf Ihre Fahrt 1947 zurückkommen, jene abenteuerliche Reise von der richtigen Schweiz in die Sächsische Schweiz. Haben Sie daran wirklich keine Erinnerung außer jener, dass es sehr kalt und zugig war.

Dunkel, es war immer dunkel.

Sie sind offenbar nur nachts gefahren?

Das weiß ich nicht mehr. Vielleicht habe ich es auch nur so empfunden, weil wir durch Wälder gefahren sind. Immer nur Bäume … Nein, kein Detail ist davon im Kopf. Keine Bilder.

Wo hatte Ihr Vater seine Praxis?

Heidestraße 15 in N 23 Dresden.

Und das war ein Teil Dresdens, der die Bombenangriffe überstanden hatte?

Pieschen blieb heil. Das gegenüberliegende Güllewerk war getroffen worden, aber unser Haus stand.

In dem Haus war auch die Wohnung der Herzfelds?

Ja, in der ersten Etage. Wenn man die Treppen hochkam, war links die große, große Wohnung und rechts die Praxisräume. Beides getrennt durch eine Schiebetür.

Wohnhaus Heidestraße 15 in Dresden-Pieschen. Herzfelds Wohnräume befanden sich aus dieser Perspektive rechts und die Arztpraxis links, beide waren verbunden durch eine Schiebetür; Aufnahme 2003

Lebte und praktizierte dort auch Ihr Großvater?

Nein. Der hatte seine eigene Praxis unten am Hafen von Pieschen, direkt an der Anlegestelle der Elbfähre.

Fähre?

Ja, da konnte man für'n Groschen übersetzen nach Mickten, dem benachbarten Stadtteil. Wenn Vater dort Hausbesuche machte, nahm er mich bisweilen mit. Er sagte dann: »Komm, wir fahr'n mal rüber!« Das war immer ein Erlebnis.

Seit wann hatte Ihr Vater die Praxis in der Heidestraße?

Seit 1922, meine ich. – Dort stand auch dieser Flügel, den Sie da sehen. Der Bechstein wurde Taste um Taste erspart. Auf Vaters Schreibtisch in der Praxis stand ein Kästchen, in das er das Geld warf, wenn welches übriggeblieben war. Und der Flügel wurde 1924 angefertigt für das Biedermeier-Zimmer, in dem wir jetzt sitzen.

Das Holz ist hell. Buche?
Nein, Kirschbaum.

Kirschbaum? Ist das Holz nicht etwas dunkler?
Ich glaube, dass es das in unterschiedlichen Farbtönen gibt. Alles Mobiliar hier ist Kirsche, glauben Sie mir.

Ein Flügel aus hellem Kirschbaum ... Ich habe bisher nur schwarze oder weiße Instrument gesehen. Wer hat darauf gespielt?
Mein Vater natürlich. Er spielte nicht nur viel, sondern hat dort auch komponiert. Und er musizierte mit anderen darauf.

Bekamen Sie auch mal Besuch aus der Schweiz, also nicht nur »Westpakete«?
Nein, nie.

Und Sie selbst? Wann waren Sie wieder einmal dort?
Erst nach über Jahrzehnten reiste ich in die Schweiz.

Ihre Tochter Sophia war schon vor Ihnen dort. Wie kam es dazu?
Nun ja, wir hatten zwei musikalisch hochbegabte Töchter: Sophia, Jahrgang 1971, und Agnes, Jahrgang 1975. Mein Mann versuchte in den achtziger Jahren,

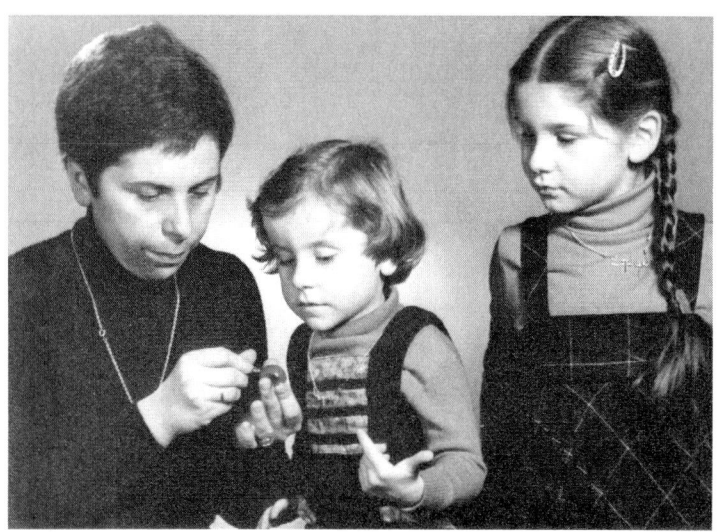

*Zwei hochbegabte Töchter mit Mutter: rechts Sophia
(Jahrgang 1971), links Agnes (Jahrgang 1975);
Aufnahme 1979*

Sophia, die in Berlin eine Spezialschule für Musik in
Berlin-Mitte besuchte, in einem internationalen Kursus
unterzubringen, damit sie Erfahrungen sammeln und
andere Lehrer kennenlernte. Auf offiziellem Wege ging
so etwas nicht. Wohl aber über private, also über Beziehungen.

Eine meiner besten Freundinnen – Christine von Klitzing, heute von Arnim – war mit dem Direktor einer
Westberliner Filiale der Bayerischen Vereinsbank bekannt. Die Bank hatte aus irgendeinem Anlass Yehudi
Menuhin, diesen grandiosen Musiker und Dirigenten,
eingeladen. Diese Begegnung nutzte meine Westberliner
Freundin, dem Maestro zu berichten, dass es in Ostberlin
ein junges Mädchen gebe, Sophia Reuter, die sehr begabt

und eine wirklich tolle Geigerin sei. Er habe doch eine Violinschule in Großbritannien und in der Schweiz die Internationale Menuhin-Musik-Akademie … Eines Tages bekamen wir einen Anruf aus London. Menuhin werde demnächst in der DDR die Staatskapelle dirigieren und sich gern einmal Sophia anhören. Sie solle sich im Dirigentenzimmer in der Staatsoper Unter den Linden bei ihm melden, lautete die Nachricht des Managements

Ich besuchte mit meiner sechzehnjährigen Tochter und ihrer Geige die Probe mit Menuhin in der Staatsoper und brachte sie in der Pause zum Dirigentenzimmer. Die Pause sollte etwa dreißig Minuten dauern. Menuhin hieß mich draußen vor seiner Tür warten und nahm Sophia mit hinein.

Hatten Sie Angst?
Warum? Ich wusste doch, dass meine Tochter jedes große Violinkonzert spielen konnte.

Und: Was hörten Sie durch die Tür?
Ein bisschen Bach, ein paar Töne, dann Bogenübungen, etwas aus einer Sonate ohne Klavier, kein längeres Stück, nur angespielt … Ich dachte: versungen, vertan, wie bring ich das meinem Kind bei?

Sie waren also der Überzeugung, Sophia hat im Wortsinne die Prüfung vergeigt?
Ja. Nur ein paar Takte, und schon winkte er ab. Nächster Versuch mit einem anderen Stück. Ich weiß doch, wie so was läuft.

Und dann kamen beide heraus. Sophia strahlte, und Menuhin sagte zu mir: »Frau Reuter, Sie haben eine wunderbare Tochter, eine typisch deutsche Geigerin. Ich werde für Sophia etwas tun.«

Am Abend waren wir zum Konzert, Sophia, mein Mann und ich gingen anschließend mit einem Strauß zum Dirigentenzimmer, um uns bei Menuhin fürs Konzert wie auch dafür zu danken, dass er Sophia angehört hatte. Vorm Zimmer lungerte bereits die Presse herum. Plötzlich erschien Menuhin in der Tür, sah Sophia und wandte sich an die Journalisten: »Ja, wisst ihr denn, was ihr hier für eine vorzügliche Geigerin habt? Sophia Reuter, merken Sie sich diesen Namen. Sie wird bei mir studieren.« Dann bat er uns drei ins Zimmer.

Ein PR-Profi. Der wusste, wie man einen Köder auslegte.

Ja, aber wir waren in der DDR. Wir erlaubten uns im Gespräch den Hinweis, dass das nicht so einfach gehe. Und wo überhaupt sollte Sophia studieren? »Na bei mir in der Schweiz«, sagte er, als sei dies das Selbstverständlichste von der Welt.

Ich wies noch einmal darauf hin, dass dies wohl nicht gehen würde. Darauf er, der sehr rational dachte und handelte: »Was muss ich tun?«

»An Honecker schreiben«, sagte Reuter. »Wer ein Anliegen hat, schreibt bei uns an Honecker.«

Hat er?

Yehudi Menuhin schrieb an Honecker, was wir dadurch mitbekamen, als wir über das Büro von Kurt

Hager wenig später eine Einladung zu einem Gespräch mit Ursula Ragwitz erhielten.

Der Leiterin der Abteilung Kultur des ZK der SED.
Herr und Frau Reuter marschierten also ins Zentralkomitee und erfuhren, dass ›ihre Tochter Sophia in Gstaad bei dem dort lebenden jüdischen Antifaschisten und weltberühmten Musiker Yehudi Menuhin Musik studieren werde, was für die DDR eine große Ehre sei‹.
Dafür bekomme Sophia einen Pass, und sie werde natürlich nicht als Schülerin, sondern als Studentin reisen, erklärte Frau Ragwitz, als wäre das die normalste Sache der Welt.
Rolf und ich schauten uns entgeistert an.
»Wir werden sie vorher an der Hochschule für Musik ›Hanns Eisler‹ immatrikulieren«, setzte sie fort.
Und so geschah es. Nachdem alles geregelt worden war wie besprochen, fuhr Sophia mit Koffer und Mutters parfümgetränktem Taschentüchlein in die Schweiz.

»Parfümgetränktes Taschentüchlein«? Was bedeutete das?
Für den Fall, dass sie Heimweh bekäme.

War eigentlich eine schöne Anschlussgeschichte: die Tochter auf den Spuren der Mutter in der Schweiz.
Ja, so sah und sehe ich das auch.

Wie lange war Sophia in der Schweiz?
Alles in allem ganze elf Jahre. Nach dem Studium wurde sie Assistentin, dann Professorin an der Menu-

hin-Akademie in Gstaad … Weißt du, Herr Schumann, ich sagte mir damals immer: Wenn das noch meine 1988 verstorbene Mutter erfahren hätte – da wäre sie mindestens genau so stolz wie ich.

Sie selbst haben bis zum Mauerfall am 9. November 1989 aber nie den Antrag gestellt, in die Schweiz zu reisen, um Ihre Tochter oder die Orte zu besuchen, die für kurze Zeit Ihre Heimat waren?

Nein, nie. Wobei: Für sechs Tage war ich mal in Genf. Mein Mann hatte dort ein Engagement und dirigierte »Don Giovanni«, ich durfte ihm nachfahren, um die Premiere zu erleben.

Ich bin dann auch zu Sophia weitergereist und habe in der Kirche Saanen in der Gemeinde Gstaad Baron Yehudi Menuhin spielen hören. Ein alter Mann bereits, der nicht grundlos ins Dirigentenfach gewechselt war, als Geigenvirtuose war er nur ein Schatten seiner selbst. Aber ich habe ihn noch spielen hören und sehen, ein einmaliges, bleibendes Erlebnis. Draußen die Kühe auf der Weide mit ihren Glocken, die Berge dahinter … Ich glaube, der Reuter hat mich nicht nur aus Liebe geheiratet, sondern weil ich was von der Erdgöttin »Erda« hatte, die Wagner für seinen »Ring der Nibelungen« schuf: diese naturverbundene Kraft, vertraut mit den Urgeheimnissen allen Lebens. In solchen Augenblicken wie in dieser Kirche in Saanen inmitten der Schweizer Berge durchströmte es mich. Reuter sagte immer: »Du bist mein Erda.« Ich sei nicht schön, aber eine *femme inspiratrice,* bestimmt, als Muse für große Männer zu wirken.

Ich traute mir zu, auf den tausend Quadratmetern um unser Haus Gemüse und Kartoffeln anzubauen, ein Schwein in der Garage zu halten, es zu schlachten … In mir steckte immer auch eine tatkräftige Bauersfrau.

Unser Garten in Pieschen war das Paradies auf Erden, als ich kochen und mit dem Grünzeug etwas anfangen konnte. Vater hatte ihn anlegen lassen. Für das Gartenhäuschen wurde ein Maler bestellt, der nach alten chinesischen Motiven Decke und Wände bemalte: mein Vater mit dickem Buddha-Bauch in einem Boot und mit vielen Rosenbögen. Es gab auch einen Teich, wo angeblich Karpfen und Schleie schwammen, die uns aber beim Baden nicht störten. Es existierte auch ein Hühnerstall, aus dem ich die Eier holen durfte, und wenn die Küken mickerten, wurden sie bei uns in der Bibliothek aufgepäppelt. Im vorderen Teil waren die Spargelreihen. Wir hatten Erdbeeren, Spalierobst, und wo die große Eiche stand, wuchs das Gemüse. Im Frühbeet standen Chicoree und Bohnen. Ein Brunnen lieferte kühles, klares Wasser, das wir zum Essen tranken. Jeder der Kinder musste hundert Mal den Schwengel drücken, auch ich. Doch meine Geschwister werden beim Zählen geschummelt haben wie ich selbst auch.

Wir hatten einen Aprikosenbaum, und die Früchte waren von einmaliger Süße. Als wir – nach fünf Jahren in der Leipziger Straße – raus nach Pankow in den Iderfenngraben zogen, habe ich dem Gärtner gesagt: So einen Aprikosenbaum wie in Dresden will ich wieder haben. Darauf meinte er: »In Berlin, Frau Reuter, gibt es doch keine Aprikosen, die kommen hier gar nicht.«

Die Familie Herzfeld zu Beginn der fünfziger Jahre in ihrem Dresdner Garten (v.l.n.r.): Dr. Wilhelm Herzfeld, Mutter Heidi mit Pudel Asra – das Weihnachtsgeschenk für Tochter Claudia 1949 –, Schwester Katharina, Schwester Veronika, Bruder Walter und dessen Frau Brigitte, Bruder Klaus, Bruder Urs und Claudia Herzfeld

Das sei mir scheißegal, habe ich geantwortet, in unserem Garten daheim stand auch ein Aprikosenbaum! Und dieser Pankower Aprikosenbaum, Herr Schumann, der hat getragen, nicht in jedem Jahr, aber wenn er trug, versorgte ich die ganze Verwandtschaft.

Nana, der Herr Schumann möchte mal intervenieren. Der Spannungsbogen von Hochkultur zur Aprikosenmarmelade ist mir dann doch ein wenig zu kühn. Geht's eine Nummer kleiner?

Vielleicht ist Ihnen das zu pathetisch, aber so war es: In der Schweiz übermannten mich stets Ergriffenheit und Demut. Spreche ich heute darüber, geht es mir noch immer so. Besuchte ich meine Tochter in der Akademie, sah ich Menuhin unterrichten. Dann durchströmten mich Rührung und Empathie. Wie er mit den heranwachsenden Musikern umging, diese humanistische Kollegialität sah ich auch bei meinem Mann im Unterricht, das war identisch. Da saß der Menuhin und kriegte seinen Tee, dann kamen die sehr begabten Eleven und spielten vor, und der Lehrer ging mit einer kordialen Noblesse mit diesen jungen Leuten um, dass man einfach nur emotional beeindruckt und angerührt sein musste.

Am stärksten berührte mich aber eine Geste bei der Plattenaufnahme der »Wesendonck-Lieder« von Richard Wagner, von deren Existenz ich bis dato nichts wusste. Menuhin dirigierte, Sophia war die Solistin und hatte, wie ich meinte, ein ganz ordentliches Instrument. Und plötzlich sagte der: »Ach, Sophia, spiel doch mit meiner Geige.« Und reichte ihr seine Violine.

Das war der Ritterschlag.

Die Aufnahme bekam auch irgendeinen Kunstpreis.

Und alles passierte in der Schweiz. Ich kriege noch immer Gänsehaut, wenn ich daran denke.

Machen wir Schluss für heute.

GmW = Gegen meinen Willen und Blumen für den Usurpator

Sie haben, wenn ich mir Ihre Vita anschaue, sehr viel ausprobiert, um das zu finden, was Sie beruflich machen wollten. War die Unentschlossenheit Folge individueller Sinnsuche oder der gesellschaftlichen Umstände?

Von allem etwas. 1960 habe ich Abitur gemacht, ein ziemlich schlechtes. Ich habe nicht gelernt, war nicht unbedingt fleißig. Und der Tod meines geliebten Vaters in jenem Jahr war überhaupt die größte Katastrophe, die mich blockierte. In jener Zeit wollte ich Sinologie studieren.

Warum?

Ach, das war so exotisch.

Ich vermute mal, dass die Bewerbungskommission an der Universität mindestens so erstaunt geschaut haben wird wie ich es jetzt tue: Da kommt eine 17-jährige mittelmäßige Abiturientin aus Dresden und will Sinologie studieren, obgleich sie überhaupt keine Beziehungen zu China hat, über keinerlei Berufs- und sonstige Erfahrungen verfügt und außer Selbstbewusstsein sonst nicht viel vorzuweisen hat. Ich vermute, die sagten: ›Geh erst mal arbeiten, Mädchen, stoß dir die Hörner ab und komm dann wieder, wenn du weißt, was du willst.‹

Genau so. Ich solle mal erst »in die Produktion« gehen, haben sie gesagt. Ich bewarb mich als Bürokraft am Universitätsklinikum Carl Gustav Carus Dresden (gehört heute zur Technischen Universität) und wurde dort auch eingestellt. Abends lernte ich an der Volkshochschule Schreibmaschine und Stenografie. Dann wollte ich doch nicht mehr Sinologie studieren. Indologie fand ich interessanter. Also bewarb ich mich dort. Da gab es nur wenige Studienplätze, denn was brauchte die DDR schon Indologen?

Schließlich kam ich auf die Idee, Dolmetscher für Spanisch und Russisch zu werden. Das kam so: In der Klinik, an der ich arbeitete, wurden auch sowjetische Offiziere behandelt, die in Dresden stationiert waren. Dadurch lernte ich einen Dolmetscher der Kommandantur kennen, der mein Schulrussisch aufpolierte. Französisch hatte ich von meiner Mutter und an der Schule gelernt. Da half mir eine alte französische Dame aus der Nachbarschaft auf die Sprünge. Ich bereitete mich also intensiv auf die Aufnahmeprüfung in Leipzig vor und wähnte mich diesmal bestens präpariert.

Darf ich mal raten: Es ging trotzdem in die Hose?
Ja. Aber nicht aus dem von Ihnen vermuteten Grund.

Nämlich?
Die Bewerber, es waren nicht wenige, warteten in einem größeren Raum und wurden namentlich und nacheinander aufgerufen und einzeln in das Prüfungszimmer gebeten. Mich schien man irgendwie vergessen

Erst Sinologie, dann Indologie, schließlich Dolmetscher-Studium: auch das wurde nichts – weil drei Herzfeld-Geschwister im Westen lebten; Aufnahme aus den frühen sechziger Jahren

zu haben. Daraufhin machte ich mich lautstark bemerkbar und landete schließlich beim Institutsdirektor, ich glaube sein Name war Professor Neumann. Wieso habe man mich ignoriert, fragte ich, warum werde ich nicht geprüft? Der Professor ließ sich meine Unterlagen reichen, blätterte kurz darin und sagte: »Aha, dachte ich es mir. – Sie können nicht Dolmetscher werden, weil drei ihrer Geschwister im Westen leben.«

Ob es in der DDR Sippenhaft gebe, erwiderte ich erbost. Was könne ich dafür, wenn meine drei älteren Geschwister damals, also noch vor dem Mauerbau, beschlossen hatten, sich im Westen Deutschlands niederzulassen? Ich sei doch hier und wolle hier auch studieren und arbeiten.

Das solle ich ja auch, sagte der Institutsdirektor. Aber eben nicht als Dolmetscherin. Es ist so festgelegt, das

Personen mit Westverwandtschaft nicht als Dolmetscher eingesetzt werden. Punkt.

Ja, solche Absagen waren und sind im konkreten Fall immer ärgerlich, doch die Angehörigen bestimmter Berufsgruppen unterlagen sowohl im Westen wie im Osten präzise vorgegebenen Sicherheitsüberprüfungen. Es war Kalter Krieg, und jeder, der mit dem jeweiligen Klassenfeind zu tun hatte, musste verlässlich sein.

Papperlapapp. Ich spionier doch nicht gleich, nur weil meine Schwester und meine beiden Brüder in einem anderen Staat leben!

Das sagte der Oberleutnant der Bundeswehr B. aus Oldenburg auch, den man nicht deshalb zum Hauptmann beförderte, weil er als Teenager wiederholt seine Tante in Köthen/DDR besucht hatte und darum als ein Sicherheitsrisiko galt. Das erfuhr er allerdings erst, nachdem er bei der Bundeswehr gekündigt hatte.

Sie kennen B.?

Ziemlich gut, er ist mein Freund. – Ich billige keineswegs, wenn in Lebenswege eingegriffen wird, ich versuche lediglich zu verstehen, warum dies geschah. Es steckte meist Logik und selten Willkür dahinter. Die gab es natürlich auch. Und das auf beiden Seiten. Doch wir sollten nicht so tun, als wäre dies alles nur Geschichte. Biografien sind immer gesellschaftlichen Umständen unterworfen, in jedem System erfahren private Lebensläufe unzulässige Eingriffe, auch heute … Was passierte nach Ihrer Ablehnung?

Ich war einigermaßen verzweifelt und fragte, was ich denn nun machen solle. Darauf sagte der Institutsdirektor: »Wir suchen Lehrer für Musik und Geschichte.« Ich könne zwar ein wenig Klavier spielen, entgegnete ich, aber Lehrer möchte ich nicht unbedingt werden.

»Wunderbar«, sagte der Professor, »ich leite Ihre Bewerbungsunterlagen ans Pädagogische Institut weiter. Da machen Sie gleich Ihre Aufnahmeprüfung. Wir haben jetzt Frühjahr, so können Sie noch in diesem September mit dem Studium beginnen.« Ich müsse allerdings zuvor eine Erklärung unterzeichnen, dass ich freiwillig von meinem Wunsch zurückgetreten sei, Dolmetscher für Spanisch und Russisch werden zu wollen.

Ich sträubte mich zunächst, denn mein Rückzug erfolgte keineswegs aus freien Stücken. Ich wurde genötigt, die weiße Fahne zu hissen. Dann unterschrieb ich doch und fügte dem Namen hinzu: GmW.

Was heißt das?
Gegen meinen Willen.

Das Kürzel steht aber nicht im Duden.
Nee, das wusste nur ich. Aber das war ich mir schuldig, ich wollte anständig bleiben.

Sie wollten nicht Lehrerin werden, Sinologin und Indologin waren auch abgehakt. Was also jetzt?
Ich fing das Pädagogikstudium trotzdem an. Der Name Herzfeld war an der Karl-Marx-Universität durchaus geläufig, so groß war die DDR nicht: Es gab reichlich

prominente Herzfelds und Heartfields, weshalb man mich ohne große Prüfungen immatrikulierte.

Ich bekam an der Pädagogischen Fakultät eine wirklich hervorragende Grundausbildung – in den instrumentalen Fächern, in der Musiktheorie und all diese Dinge. Ich liebte das Geschichtsstudium ... Aber als Lehrerin unterrichten?

Meine Lehrer an der Uni, die mein Dilemma sahen, rieten, nach dem zweiten Studienjahr zu den Musikwissenschaftlern zu wechseln. Ich stellte den Antrag und wurde von Professor Walther Siegmund-Schultze vorgeladen. Das war der Direktor des Instituts für Musikwissenschaft innerhalb der Fakultät für Geschichte, Kunst- und Orientwissenschaften der Karl-Marx-Universität. Siegmund-Schultze war – neben seiner Lehrtätigkeit – überdies ein renommierter Kenner der Musikgeschichte und -ästhetik, die Telemann-Forschung hatte er maßgeblich beeinflusst. Wir Studenten nannten ihn gleichermaßen liebevoll wie überzeichnet »Siegmund-Schnulze«, was auf seinen biederen, altbackenen Stil verwies, dabei war er allenfalls um die Fünfzig.

Der Professor fühlte mir auf den Zahn und war offensichtlich mit dem Gespräch zufrieden. Und auch die FDJ-Leitung stimmte dem Wechsel mit der expliziten Begründung zu, dass ich als Musikwissenschaftlerin weniger Schaden anrichten könnte denn als Lehrerin. Das war mehr als schoflig, fand ich.

Ihre Studienzeit in Leipzig ging, soweit ich es überschaue, von 1964 bis 1969. Ich war zehn Jahre später dort. Da war die Paulinerkirche, die sogenannte Universitätskirche, schon weg, und an ihrer Stelle erhob sich ein Neubau mit Büroräumen und unserer Mensa.

Am 30. Mai 1968 sollte am Vormittag die Kirche gesprengt werden. Man wollte Baufreiheit haben. Wir waren acht Studenten in unserem Studienjahr, vier gehörten der Partei an, die anderen waren parteilos. Und wir wollten nicht nur dem Akt der Sprengung gegen zehn Uhr beiwohnen, sondern durch unsere Anwesenheit auch unseren Unmut über diese Entscheidung bekunden. Mit der Umgestaltung des Theaterplatzes, der jetzt nach Karl Marx benannt war, wurde Geschichte auf brutale Weise entsorgt. Gut, Ende der siebziger Jahre wurde dort auch das neue Gewandhaus errichtet, die einzige reine Konzerthalle, die die DDR überhaupt gebaut hat. Aber dies konnte kein Ersatz und keine Wiedergutmachung für den kulturpolitischen Frevel von 1968 sein. Wir parteilosen Studenten billigten die Sprengung nicht. Dr. Mühe, unser Dozent, bei dem wir Formlehre hatten, flehte uns an: »Kinder, um Gottes willen, geht nicht zu den Protesten, ihr werdet exmatrikuliert!« Wir sind aufgestanden und gegangen. Drei Tage lang standen wir und viele andere Leipziger, alte wie junge, und demonstrierten stumm. Es ist nichts passiert. Niemand hat uns verpetzt, nicht die Genossen unserer Seminargruppen, nicht der Dozent.

Es gab und gibt zu allen Zeiten eben sone und solche?

Übrigens, ich habe einen kleinen Holzengel mit Trompete in meiner Wohnung. Den habe ich aus der gesprengten Ruine gerettet. Ich zeig Ihnen nachher die Memorabilien …

Ja, Sie haben Recht, man hat zeitgleich immer mit opportunistischen Schweinen, loyalen Zeitgenossen und tatsächlichen Freunden zu tun. Ich nenne hier als Beispiel meinen damaligen FDJ-Sekretär Stephan Blüher. Wir hielten die Verbindung auch nach dem Studium, und oft riefen wir uns an, wenn wieder mal großer Mist im Land passiert war. Wenn wir in unserer Ratlosigkeit und Ohnmacht nicht weiter wussten, haben wir gemeinsam die *Marseillaise* gesungen.

Am Telefon?
Am Telefon. Selbst dann noch, als er nach der Jahrtausendwende Operndirektor am Theater Altenburg-Gera wurde. Kurz vor seinem 60. Geburtstag verstarb er, das war am 1. Juni 2005. Ich wurde gebeten, die Trauerrede zu halten. Ich erzählte am Grabe von unserer Beziehung, sagte, was für ein herrlicher, ein gebildeter Mensch er war. »Ich erspare Ihnen, meine Damen und Herren, dass ich jetzt die Marseillaise singe, aber für dich, Blüher, zitiere ich sie noch einmal.« Und dann rief ich auf Französisch zum Kampf gegen Tyrannen und Despoten auf, die das Rad der Geschichte zurückdrehen wollen. Diese Haltung zog sich wie ein roter Faden durch unser beider Leben.

Hat dieser Stephan Blüher mitbekommen, wie Sie den Engel nebst Trompete aus der Universitätskirche geklaut haben?

Ohne ihn wäre ich nie dorthin gekommen. Und der hat doch auch geklaut. Tage vor der Sprengung hatte der Rat der Stadt unser Institut gebeten, dass es freiwillige Studenten abkommandieren sollte, um die verbliebenen Innereien zu sichern. Ich meldete mich natürlich auch, aber man wollte mich nicht: Ich war ein »konterrevolutionäres Element«. Blüher nahm mich trotzdem mit. Wir bekamen Arbeitskittel und den Auftrag, die Barockkanzel zu demontieren und die Bücher aus der dahinterliegenden Sakristei zu sichern. Das brachten wir alles ins Grassi-Museum. Fast alles.

Etliche Bücher aus der Sakristei schleppten wir unter unseren Kitteln, wenn wir uns zum Toilettengang in die neben der Kirche befindliche Kalinin-Mensa abmeldeten, nach draußen. Ich habe noch einige davon. Mein ganzer Stolz aber ist dieser Engel mit Trompete. Und daneben – schauen Sie sich das ruhig an – sind die Fotos, als wir in der Kirche arbeiteten. Dort ist auch das Epitaph mit dem Engel zu sehen. Das ist eine Reliquie.

Unglaublich. – Was hatten Sie für Dozenten und Lehrer am Institut in Leipzig?

Gute, integre Persönlichkeiten. Ich erinnere mich an Paul Willert, Professor für Musikgeschichte, Instrumentenkunde und Volksliedkunde. Seine Vorlesungen: ein Gedicht. Ich habe meine Mitschriften von damals erst jetzt entsorgt, entsorgen müssen aus Platzmangel, als ich hier einzog. Der für uns uralte Mann – er war Jahrgang 1901, meine ich, ging also auf die Siebzig zu, was für uns junges Gemüse uralt war – sang oft mit brüchiger

Stimme Balladen und Lieder von Carl Loewe, und Stephan Blüher begleitete ihn am Flügel, der im Seminarraum stand. Dieser Prof. Willert kam auf den Platz mit seinem Auto, wo wir stumm standen und zuschauten, wie die Sprengladungen an der Kirche angebracht wurden. »Kinder, das ist zu gefährlich«, rief er, »ihr habt den Krieg nicht erlebt«. Er wollte uns bewusst machen, dass es riskant sei, hier zu sein. »Steigt ein!« Und er fuhr uns aus der politischen Gefahrenzone. Am nächsten Tag standen wir wieder dort.

Man vergisst, was für ein – ich benutze das blöde Wort – Humankapital wir besaßen, was für Professoren mit so großem Wissen, mit Haltung und mit Charakter uns erzogen. Auch beim Geschichtsstudium. Ich wollte unbedingt über Napoleon arbeiten – ich habe den geliebt, heiß geliebt, und wenn ich damals gelebt hätte und sich die Gelegenheit dazu ergeben hätte, wäre ich vielleicht seine Geliebte geworden.

Aha, darum die vielen Napoleon-Bilder in der Wohnung. Ich habe mich nämlich schon gewundert.

Meine Zuneigung führte sogar zum Ehestreit mit Reuter, der dann Madame Récamier, Juliette Récamier, zitierte, die von Napoleon wegen ihrer regierungsfeindlichen Gesinnung aus Paris verbannt wurde. Ich durfte meine Napoleon-Bilder nur im Flur aufhängen. Jetzt hängen sie hier, im Wohnzimmer …

Ich bin damals zum Professor gegangen und habe gesagt: Wenn ich über Napoleon arbeite, dann brauch ich aber den Jules Michelet. »Ja, der ist im Giftschrank,

Fräulein Herzfeld«, sagte er, womit er meinte, dass der französische Historiker nicht in der Handbibliothek stand und frei verfügbar war. Deshalb hatte ich mich ja auch an ihn gewandt. Und dann schlug mir Willert vor, wie ich mit seiner Hilfe an diese und an andere indizierte Literatur käme. Und so machten wir es auch. Wissen Sie, Herr Schumann, das sind alles Momente, die zeigen, wie primitiv und falsch es ist, wenn alles, was nach DDR riecht, in Bausch und Bogen verdammt und verteufelt wird. Unrechtsstaat und so, Sie wissen schon. Deshalb habe ich mich auch mit Herrn Dr. Hubertus Knabe angelegt.

Was? Wo ist Ihnen der Gralshüter der Reinen Unrechtsstaatslehre in die Quere gekommen?

Vor einigen Jahren war ich zu einem Empfang in irgendeiner Botschaft, auf der Herr Dr. Knabe referierte. Mich hatten die Schönbohms mitgenommen, mit denen mein Mann und ich befreundet waren.

Jörg Schönbohm, der ehemalige Bundeswehrgeneral, der mal Innenminister in Brandenburg war?

Ja.

Lebt der immer noch in Kleinmachnow? Der muss doch inzwischen uralt sein?

Er wird in diesem Jahr achtzig. Und lebt noch immer in Kleinmachnow. *(Schönbohm verstarb 2019 – d. Verl.)*

So, und dort sprach nun Knabe über Hohenschönhausen und die DDR. Unsäglich. Danach gab es eine

Diskussion, und die erste Hand, die hochging, war meine. »Herr Dr. Knabe, ich bin eine ehemalige DDR-Bürgerin und empfinde das Verdikt, in einem ›Unrechtsstaat‹ gelebt zu haben, als beleidigend. Erstens unterstellt es, dass wir Unrecht möglich gemacht, mindestens aber ihm zugestimmt hätten, und zweitens, dass wir selber Unrecht ausgeübt haben könnten. Das weise ich entschieden zurück!« Natürlich sei in der DDR Unrecht geschehen – wer wisse das nicht besser als wir, die wir in diesem Staat – im Unterschied zu Herrn Dr. Knabe und anderen – gelebt haben. Aber den diffamierenden, pauschalisierenden Begriff »Unrechtsstaat« würde ich entschieden ablehnen. Er sei ein Kampfbegriff, den Westdeutsche erfunden hätten.

Und jetzt kommt es: Der halbe Saal applaudierte. Das waren alles Ossis. Ich wusste ja nicht, dass unter den Gästen so viele ehemalige DDR-Bürger waren.

Und wie hat Hubertus Knabe reagiert?

Der hat mich abtropfen lassen. Das sehe ich falsch, selbstverständlich wäre die DDR ein Unrechtsstaat gewesen, ich müsse mir nur mal das Rechtswesen anschauen. – Ich wollte nicht einwenden, dass man diese Gesetzestexte als Normalsterblicher wenigstens verstanden habe, was heute ohne die Hilfe eines Anwalts kaum mehr möglich sei – sicherlich auch gewollt, denn diese Berufsgruppe will ja auch leben; nicht alle Rechtsanwälte können in den Bundestag. Ich habe jedoch nichts mehr gesagt. Knabe hatte seine Wahrheiten als fertige Antworten in Schubfächern liegen und zog sie nur auf.

Diese Gleichsetzung des Dritten Reiches mit der DDR – jaja, wir setzen ja nicht gleich, wir vergleichen nur – geht einfach nicht. Ich fand und finde das zum Kotzen.

Lassen Sie uns noch einmal zu Napoleon zurückkommen. Warum diese Sympathie für den Korsen?

Die Liebe zu Napoleon habe ich von meinem Vater. Er suchte für seine Kinder immer Bücher aus, deren Lektüre er uns ans Herz legte. Ich war zwölf, als er mir Napoleons Liebesbriefe an Marie-Louise und an Joséphine vorlas. Für meinen Vater verkörperte Napoleon den europäischen Geist schlechthin. Der *Code civil*, den wir auch als *Code Napoléon* kennen, führte zu einer Justizkultur, die heute global vorherrscht. Ich habe viel über Napoleon gelesen und gearbeitet: Ich fand den Mann einfach genial. Über Talleyrand und Bernadotte wollen wir nicht reden.

Zwei Widersacher Napoleons. Der eine endete als Karl XIV. Johann auf dem Schwedenthron, der andere als bedeutender Staatsmann, aber eigentlich war er wohl ein Strippenzieher. In diesem Kontext fällt mir auch Joseph Fouché ein, der nicht minder intrigante Polizeiminister unter Napoleon, den Stefan Zweig porträtierte.

Das wundervolle Buch las ich, als ich in den Wehen mit meiner Tochter in Dresden lag. Drei Tage habe ich gekreißt, Sophia war medizinisch ein schwieriges Kind, ihre Geburt war es auch. Herr Reuter musste zur Probe nach Leipzig, er war also nicht da, und ich lag im Bett und wartete auf die nächste Wehe. Dazwischen las ich

Zum zweiten Mal Mutter: Agnes kam 1975 zur Welt, ihre Schwester Sophia war da bereits vier

Fouché, weil das sehr ablenkte. Und ich sang die Arien aus »Madama Butterfly« von Puccini, ich kannte damals die gesamte Oper. Mein Auftritt hat die Hebammen und die Schwestern äußerst irritiert. Sie hatten noch nie eine Gebärende auf Station gehabt, die Opernarien sang und Fouché las.

Ich aber fand das herrlich – nicht deren Reaktionen, sondern weil ich ein Kind bekam, was ich doch nicht hätte kriegen sollen: Seit ich in den Händen von Gynäkologen war, hatten mir diese unisono gesagt, dass ich keine Kinder bekommen könne. Das hatte dazu geführt, dass ich durch die ganze DDR getourt bin, um diesem Zustand abzuhelfen, bis ich in die Hände von Herrn Oberarzt Krimmenau an der Carus-Akademie geriet.

Der bereits erwähnten Klinik.

Genau, dort hatte ich mich Anfang der Sechziger zwei Jahre lang in der Produktion »bewährt«.

Dr. Krimmenau behandelte mich auch in anderen Angelegenheiten, und einmal wachte ich aus der Narkose in einer Art Abstellkammer auf. Ich fragte ihn nach dem Grund. »Claudia, du hast beim Aufwachen so schlimme politische Sachen gesagt, dass ich dich vorsichtshalber aus dem Verkehr gezogen habe«, sagte er lachend. Ich weiß nicht, ob das den Tatsachen entsprach oder geflunkert war. Aber eine Abstellkammer scheint mir immer noch besser als der Flur, wo heutzutage ebenfalls Patientenbetten stehen.

Dem Oberarzt Krimmenau hatte ich versprochen, sollte ich jemals schwanger werden, würde ich singend und mit Sekt in seinen Kreißsaal einrücken. Nun war es soweit.

Mit Sekt?

Den brachte mein Mann. Er kam mit Schäferhund und der Flasche ins Krankenhaus, als es soweit war.

Mit Hund?

Ja, Reuter begleitete mich mit unserem Hund, als ich zum Kreißsaal geschoben wurde.

Das ist jetzt ein Witz?!

Nein, ich schwöre. Und als die Tür zum Kreißsaal aufging, sang ich lauthals »Glory, glory, hallelujah«, und alle dachten: Jetzt kommt eine Verrückte!

Mit Verlaub: ein wenig crazy war's schon. – Ich bin noch nicht mit Ihrem Napoleon-Komplex fertig. Sie sagten, Sie hätten Napoleons Geliebte sein können, wenn Sie damals gelebt hätten.

Das hat mein Mann gesagt. Doch ich glaube, er irrte da nicht.

Sie haben auf die intellektuellen Qualitäten Napoleons rekurriert. Gab es auch noch andere Eigenschaften an ihm, die Sie reizten oder schätzten?

Nein, meine Affinität zu Napoleon hat nichts mit Erotik zu tun. Aber ich hasse diese Marie-Louise, die zweite Ehefrau von Napoleon, weil sie sich nach der Abdankung Napoleons mit ihrem gemeinsamen Sohn nach Wien absetzte. Ich nahm mal in Schloss Schönbrunn an einer Führung teil, da platzte mir der Kragen, als das Hohelied auf diese vermeintlich großartige Kaiserin gesungen wurde. Sie habe ihren Mann feige im Stich gelassen und war dafür bekannt, dass sie ihre Unsicherheit durch übertrieben herrisches Verhalten kaschierte, sagte ich wütend. Und Marie-Louise war nur deshalb mit Napoleon verheiratet worden, weil dessen erste Ehe mit Joséphine kinderlos geblieben war. In Schönbrunn aber taten sie so, als habe es sich bei der Verbindung mit Napoleon um eine morganatische Ehe gehandelt, dass also die blaublütige Marie-Louise aus dem Hause Habsburg einen dahergelaufenen Bürgerlichen geehelicht und ihm dem Aufstieg in den Hochadel ermöglicht habe.

Ich will Ihnen mal sagen, Herr Schumann, was mich an diesem Mann so angerührt hat. Als Napoleons Truppen 1805 Wien zum ersten Mal besetzten, ließ er vor dem Haus von Joseph Haydn Stroh aufschütten, dass der Komponist nicht vom Straßenlärm gestört werde. Und als vier Jahre später der 77-jährige Haydn starb, folgten französische Offiziere dem Sarg. Das hatte Stil. Napoleon wusste, was sich gehörte.

Und wer weiß noch, dass das von Haydn vertonte Gedicht »Gott erhalte Franz, den Kaiser, / Unsern guten Kaiser Franz« noch immer die deutsche Nationalhymne ist. Natürlich mit dem Text von Hoffmann von Fallersleben. Ich finde es jedenfalls immer putzig, wenn die heutigen Republikaner bei Staatsakten und Fußballspielen die Kaiserhymne intonieren …

Napoleon hatte auch Mut. Als er von Elba zurückkam und mit freier Brust der Armee mit den Worten entgegentrat: ›Soldaten, hier steht euer Kaiser!‹ hat keiner geschossen, sondern sie sind alle übergelaufen. Was für eine grandiose Szene. Er war eine Persönlichkeit, kein Demagoge oder Populist.

Naja, manches ist gewiss durch die Geschichtsschreibung überhöht, vielleicht sogar idealisiert worden.

Er war der erste, der die geballte Kraft eines geeinten Europas gesehen hat.

Napoleon hat natürlich den Fehler gemacht, seine unsäglichen Verwandten, zum Teil Kinder, auf irgendwelche Throne zu setzen. Aber ich hatte überhaupt nichts dagegen, dass er sich zum Kaiser krönen ließ, das war eine *conditio sine qua non*, anders konnte der Fortschritt in diesem feudalistischen, reaktionären Europa nicht durchgesetzt werden.

Und ich kenne keine schöneren Liebesbriefe als die Napoleons, die mir mein Vater auf Französisch vorlas. Mit zwölf.

Französisch, damit Sie die anzüglichen Stellen nicht verstanden?
Die hat mir mein Vater relativ gut erklärt.

»Madame, bitte nicht waschen, komme in drei Tagen …«
Auch das.

War es nur Eifersucht, dass Ihr Mann die Napoleon-Bilder auf den Flur verbannte?
Nein, Reuter war gegen jeglichen Krieg und gegen alles Militär, da hatte Napoleon nun mal schlechte Karten bei ihm. Und dann hatte Reuter ja den Beistand von Madame Récamier, auf die er sich immer als Kronzeugin berief: Die habe geschrieben, was Napoleon für ein Schwein gewesen sei

Ich halte dem Reuter aber zugute, dass er meine Bitte erfüllte, als er zum ersten Mal in Paris dirigierte.

Und die lautete?
Wenn du einen Blumenstrauß nach dem Konzert bekommen solltest, dann trage ihn zum *Dome des Invalides*, zum Grab von Napoleon.

Allerdings war nichts mit Niederlegen, wie er mir nach seiner Rückkehr berichtete, er konnte den Strauß nur werfen, denn der Sarkophag aus braunem Quarzit – der übrigens aus Russland stammt, vom Onegasee – steht mitten in der Krypta des Invalidendoms. Der lässt sich nur in einer Galerie umrunden. An das Grabmal kommt man nicht heran.

Und, haben auch Sie später auch Blumen geworfen, als Sie nach Paris fahren konnten?
Na selbstverständlich.

Symbiose mit einem General

Ich bewundere Ihr phänomenales Namensgedächtnis.
Das kann auch ein Fluch sein.

Weil man nichts und niemanden vergisst? Auch die Finsterlinge nicht und die dunklen Stunden?
Genau. Das macht mitunter das Vergeben schwer, wenn nicht gar unmöglich.

Ein Elefantengedächtnis als Ballast?
Ja, richtig, richtig. Nicht dass ich mich dafür schämte. Ich kann mich disziplinieren. Ich habe mich in der Ehe wirklich diszipliniert und dieses alttestamentarisch-jüdische Gerechtigkeitsverständnis unterdrückt, also nicht Aug' um Auge, Zahn um Zahn. Reuter hatte eine weisere oder höhere Sicht, der ich mich anschließen konnte. Ich hab ehelang gegen eine etwas stereotype, schwarzweiße Sicht opponiert, aber manchmal gibt es keine Alternative.

Das ist mir jetzt zu abstrakt.
Mein Mann wurde am Ende seines Lebens politisch gejagt, zu Tode gehetzt. Ich kenne die Beteiligten, ich kenne den Urheber. Diesem Schwein werde ich nie vergeben. Er gab meinen Mann zum Abschuss frei, weil er die Sommerpause, die mediale Saure-Gurken-Zeit, mit

einer Nachricht füllen und sich ins Gespräch bringen wollte. Der hatte davon gehört, dass Reuter Vorträge gehalten hatte vor einem Kreis, der sich nach Ulrich von Hutten benannt hatte, diesem mittelalterlichen Humanisten, der in der DDR als Streiter der frühbürgerlichen Revolution galt und in einem Atemzug mit Thomas Müntzer und Martin Luther genannt wurde.

Ich kannte Reuters Vorträge, ich habe sie gelesen. Sie waren nicht anstößig, sondern entsprachen Reuters humanistischer Überzeugung.

Die da lautete?

Bildung ist das A und O, Unbildung das Ende der der Kultur, der Politik, der Demokratie, der Zivilisation. Er sprach zu allen, die ihn einluden. Er referierte auch über Bach und Beethoven vor der PDS.

Wusste er nicht, dass es sich bei dem »Freundeskreis Ulrich von Hutten« um einen rechtslastigen Verein handelte?

Das wusste Reuter durchaus. Doch er glaubte an die Möglichkeit der Veränderung, an die Wirkung von Aufklärung. Da war er vermutlich so blauäugig wie sein Menschenbild gewiss zu positiv war: Er konnte sich nicht vorstellen, wozu »Demokraten« fähig sein würden. Letztlich sind Politiker auch nur Menschen, die mitunter über Leichen zu gehen bereit sind, wenn sie sich einen persönlichen Vorteil davon versprechen. Ihre Moral oder die von Journalisten ist auch nicht höher als die von Max Mütze und Lieschen Müller.

Warum hat Ihr Mann sich darauf eingelassen, wenn er wusste, wo dieser Verein politisch zu verorten war?

Noch mal: Er war zutiefst von der Wirkung der Aufklärung überzeugt. Reuter glaubte daran, was Sarastro in Mozarts Zauberflöte sang: »In diesen heil'gen Hallen, / Kennt man die Rache nicht. / Und ist ein Mensch gefallen; / Führt Liebe ihn zur Pflicht. / Dann wandelt er an Freundeshand, / Vergnügt und froh ins bess're Land. / In diesen heiligen Mauern / Wo Mensch den Menschen liebt, / Kann kein Verräter lauern, / Weil man dem Feind vergibt. / Wen solche Lehren nicht erfreu'n, / Verdienet nicht ein Mensch zu sein.«

Schön. Schön naiv.

Zu idealistisch, ja. Aber Reuter hätte sich mit dem Teufel eingelassen, um die Menschheit besser und gebildeter zu machen, sie zu entradikalisieren und abzurüsten. Ich habe damals oft mit ihm diskutiert: Rolf, du weißt doch, *wo* du redest, also ich bin da nicht deiner Meinung, dass du das tun solltest. Darauf er: »Moment mal …« Ich hab mich oft mit meinem Mann darüber gestritten, und heute bitte ich ihm alles Mögliche ab, weil ich so radikal war – er hatte vollkommen Recht: Es geht nur so. Ich bin weniger gebildet als mein Mann, und ich bin viel weniger tolerant, als er es war.

Ich glaube zudem, dass Luther die Bibel falsch übersetzt hat. Sein erster Satz lautete: Am Anfang war das Wort. Er hätte es besser übersetzen sollen mit: Am Anfang stand die Tat.

Damit wären wir bei Marx und seiner Feuerbach-These, die mit Lettern aus Messing im Foyer der Humboldt-Uni geschrieben ist: »Die Philosophen haben die Welt nur verschieden interpretiert, es kommt drauf an, sie zu verändern.« Nur nebenbei: Für den Universitätspräsidenten – einem protestantischen Kirchenhistoriker aus dem Westen – war das »nicht die Parole, mit der unsere Universität in ihr drittes Jahrhundert gehen sollte«, weshalb er sie entfernen lassen wollte.

Der Denkmalschutz verhinderte es.

Gottlob. – Also wenn ich Sie richtig interpretiere, ich spitze jetzt mal zu, würden Sie den geistigen Mörder Ihres Mannes lieber erschlagen als mit ihm reden.

Sie haben mich richtig verstanden. Diese Person hat mir meinen heiß geliebten Mann genommen, meiner Familie den Vater, dem werdenden Enkelkind – es war im dritten Monat – den Großvater. Das vergebe ich nicht. Ich habe meinen Kindern gesagt: Den bring ich um. Sie lachten. Ich meinte es aber ernst. Sie riefen vorsichtshalber unsere Freunde an und baten, auf mich zu achten und mit mir zu reden. Sie riefen sogar Schönbohms an. Vorsichtshalber stellten sie auch die großen Messer aus der Küche sicher.

Hätten Sie's denn mit dem Messer gemacht?
Mit dem Messer. Ich habe ja keine Pistole.

Klingt ein wenig wie Oper. Sehr melodramatisch und realitätsfern.

Wissen Sie, wie Sie reagieren würden, wenn Ihnen das Liebste genommen würde?

Nein. – Aber warum haben Sie es dann doch nicht getan? Jedenfalls kann ich mich nicht erinnern, etwas von einer solchen Rachetat in der Zeitung gelesen zu haben.

Jörg Schönbohm rief mich an und sprach ernsthaft mit mir. Da kam ich zur Besinnung.

Was hat er denn gesagt, dass Sie zur Vernunft kamen?

Claudia, das machst du nicht. Dann bist du die Täterin und er ist das Opfer: Du erschaffst einen Märtyrer! Das ist eigentlich das Gegenteil von dem, was du möchtest, nämlich das er bedeutungslos und vergessen wird. – Das hat mich überzeugt.

Aber Sie selbst haben diesen Mann nicht vergessen, wenngleich sein Name in der Öffentlichkeit längst keine Rolle mehr spielt. Die Zeit ist über ihn hinweggeschritten.

Ja, er ist in meinem Kopf präsent. Ich empfinde mich manchmal – und das sind meine Theateraugen, die das so sehen – als ein lebendes Gespenst. Die elementaren Teile von mir sind mit meinem Mann gestorben, und das, was übrig blieb, halte ich für gering und unbedeutend. Mir fehlt das, was der Reuter, unbewusst oder bewusst, in unsere Beziehung einbrachte. Ich war ein sehr glücklicher Mensch in dieser Ehe mit diesem Mann, mit den Kindern, mit dem ganzen Reichtum des

Lebens, den wir hatten. Was wir sahen, hörten, gemeinsam lernten und erlebten …

Als der Reuter starb, blieb nur ich übrig, ich war auf mich zurückgeworfen, unser Kosmos erloschen. Möglicherweise hatte ich nicht gelernt, mich auf mich selbst zu konzentrieren. Ich habe zu mir ein äußerst gespaltenes Verhältnis. Ich weiß, was mir fehlt, und bin prinzipiell gegen Selbstmitleid.

Verstehe. Sie waren Teil einer Symbiose, die vier Jahrzehnte bestand und 2007 endete. Und zurück blieb nur ein Mensch mit seinen Erinnerungen.

So ist es. Deswegen habe ich Ihnen gesagt, dass der Arbeitstitel, wenn wir denn jemals mit dem Buch fertig werden sollten, heißen müsste: Reuters Frau. Ich bin nicht seine Witwe. Ich sträube mich gegen diesen Begriff. Ich bin keine Wittib, wie man im Schweizerischen sagen, keine Frau, deren Mann gegangen ist. Die energetische Form unserer Beziehung, der Zauber, die Magie, wie auch immer man das nennen mag, halten immer noch an. Wenn ich seine Musik höre oder Aufzeichnungen von Konzerten sehe – was ich im Übrigen ganz selten kann, weil ich mir die Augen ausheule –, wenn ich fühle, wie er in bestimmten Situationen, denen ich ausgesetzt bin, denken und entscheiden würde, dann ist er noch da. Die Heirats-Formel, die auch wir bei unserer Trauung in der Thomaskirche zu Leipzig – wo auch sonst! – zu hören bekamen, gilt für uns nicht. »Bis dass der Tod euch scheidet« trifft eben nicht zu. Das ist keine Konfabulation einer alternden Frau, sondern Realität.

Hochzeit in der Leipziger Thomaskirche, 18. Juli 1970

Hm, schwieriges Gelände.

Als ich mich hier in meine Einsamkeit zurückzog, habe ich das gemacht, was möglicherweise andere Menschen in vergleichbarer Lage ebenfalls tun: Fotoalben angeschaut. Bildern frieren ja den Moment ein. Aber sie machen auch sichtbar, wie das Verhältnis zwischen den abgebildeten Personen war oder ist. Ich habe nicht ein Foto von uns beiden in den 38 Jahren gefunden, wo nicht auch die seelische Hingewandtheit sichtbar war. Ich meine nicht Händchenhalten, Arm um die Hüfte oder auf der Schulter, die gängigen Körperposen. Sondern diese innere Zuwendung.

Sie haben vorhin gesagt, wenn Sie Ihr Leben in der Rückschau sehen, waren Sie ein glücklicher Mensch. Ist daraus der Umkehrschluss zu ziehen, dass Sie heute unglücklich sind?

Das wäre eine Blasphemie, wenn ich mit Ja antworten würde. Es wäre auch unzutreffend. Andererseits: Wenn Sie mich so direkt fragen und ich tief in mich hineinschaute: Vielleicht bin ich's.

Aber Sie würden es nicht zugeben?

Weil dies meiner positiven Einstellung zum Leben widerspräche. Es widerspricht meiner Überzeugung, dass eine Frau, die noch relativ gut beieinander ist – mal von den Malessen und Malaisen des Alters abgesehen –, die ein Dach überm Kopf hat und gut versorgt ist, die eine Familie hat, die sich um sie und für sie sorgt, der es an nichts mangelt, sich nicht darüber beklagen darf, indem sie erklärte: Ich bin unglücklich! Das ist selbstgerecht und ungerecht gegenüber allen, die dafür sorgen, dass mein Leben so verläuft, wie es läuft.

Es wäre auch ungerecht gegenüber allen anderen Menschen, denen es nicht annähernd so gut geht wie Ihnen.

Richtig. Ich bin oft zutiefst einsam, fühle mich als Erdenfrau entwurzelt und zu nichts mehr dazugehörend, was ja die Stärken und das Wesen der *mater familia*s ausmachte – aber das ist kein Unglück, nein, das darf ich nicht sagen.

Wenn ich höre, was manche Menschen für eine Kindheit hatten, was ihnen alles widerfahren ist im Leben, da kann ich nur demütig und dankbar sagen: Der liebe Gott hat seine Hände über mich gehalten!

Die Familie Herzfeld, 1950

Sie haben wiederholt schon über die Atmosphäre in Ihrem Elternhaus gesprochen. Das man gemeinsam, mit den Haushaltshilfen und dem medizinischen Personal, bei Tisch saß und das Brot brach, und dass der Vater, obgleich müde vom Tagwerk, den Kinder Homer vortrug und Ihnen Napoleons Liebesbriefe vorlas ... Die Frage klingt zynisch, ist aber nicht so gemeint: Lag die Zuwendung vielleicht daran, dass es keine andere Zerstreuung, also Ablenkung, gab? Kein Fernsehen, kein Internet?

Naja, das würde ich verneinen. Es gibt auch heute Familien, die trotz aller Angebote und der irren Reizüberflutung sich ihren Kindern zuwenden, ihnen nicht nur Aufmerksamkeit schenken, sondern sie in die Welt und deren gigantische Kultur einführen, damit sie daran teilhaben, davon profitieren, dass nicht nur Wissen erworben, sondern auch Charakter gebildet wird. Ich bin überzeugt, wenn alle aktuellen Potentaten eine solche harmonische Erziehung erfahren hätten, würden weniger Idioten die Welt regieren, und die Kriege hätten ein Ende.

Da haben Sie gewiss Recht. Und da wir schon so offen miteinander reden, schiebe ich eine noch despektierlichere Frage nach. Der von Ihnen geradezu vergötterte Vater starb, als Sie sechzehn waren.

Ich vergötterte auch meine Mutter. Auch wegen solcher Geschichten, die in der Familie überliefert wurden: Mutter wurde von der Gestapo vorgeladen und aufge-

Am Familiengrab der Herzfelds in Dresden-Pieschen. Von links nach rechts: Schwager Jobst von Boxberg, Rolf Reuter, Claudia Reuter, Schwester Katharina von Boxberg, Schwester Veronika (Genni) und Tochter Sophia; Aufnahme aus den neunziger Jahren

fordert, sich von ihrem jüdischen Mann scheiden zu lassen und in die Schweiz zurückkehren. Und was antwortete diese herrliche Alemannin, meine Mutter, groß, blond, blauäugig, schön? ›Meine Herren, das kann ich gar nicht. Dort wäre ich eine entehrte Frau.‹

Das war nicht nur ein Bekenntnis zu ihrer Liebe, sondern zur menschlichen Kultur und Zivilisation schlechthin. Man/frau unterwirft sich nicht einer Ideologie, wenn es um die persönliche Haltung zum Partner, zu den Menschen insgesamt geht.

Ich bringe meine Frage zu Ende: Sie verloren Ihren Vater mit sechzehn. Rolf Reuter war siebzehn Jahre älter als Sie. War er für Sie ein Vaterersatz, als Sie heirateten?

Na klar. Vielleicht nicht Ersatz, aber er war schon einer, den man als Vorbild, als Respektperson sehen konnte. Im Theater sprachen sie ihn nur mit »Herr General« an. Er war schließlich Generalmusikdirektor. Die Musik und den Direktor sparten sie sich. Ich werde mich auch nicht auf seinem Grab in Dresden-Plauen bestatten lassen. Ich gehe in das Grab meiner Eltern, dort ist noch ein Platz, dort gehör ich hin – einfach weil ich die Knöchelchen der Herzfelds zusammenhalten möchte.

Von Zauberern und
und Zirkussen

Sie haben mit 39 Jahren angefangen Griechisch zu lernen. Warum das?

Vater trug Homer in der Ursprungssprache vor, da blieben denn Sätze, die nicht unbedingt für mich bestimmt waren, im kindlichen Gedächtnis haften. Und dort verblieben sie sehr lange. Ab und zu ließ ich mal einen Satz, schon mit dem »General« verheiratet, fallen. Reuter amüsierte sich und machte mich darauf aufmerksam, dass ich dieses oder jenes Wort falsch betont habe. Also entschloss ich mich, die Sprache Homers zu lernen.

Altgriechisch?

Man weiß heute noch nicht einmal mit Sicherheit, ob es Homer überhaupt gegeben hat, Sie wissen ja: die *Homerische Frage* … Aber mit *Ilias* und *Odyssee* begann die europäische Kultur- und Geistesgeschichte. Deshalb vor allem lernte ich Griechisch. Was Reuter imponierte.

Ich würde mich gern mit Ihnen über Ihre Zirkus- und Theater-Gene unterhalten, die Sie zweifellos besitzen. Ihre Eltern, mindestens der Vater, waren zwar musisch ambitioniert, aber nicht vom Theater.

Da stimme ich Ihnen im Wesentlichen zu. Allerdings will ich Sie zunächst meinen aktuellen Unmut wissen lassen. Die Amerikaner schicken, wie Sie bestimmt mitbekommen haben, Panzer an die Ostgrenze Polens. (*2017 verlegten die USA an die hundert Kampfpanzer und rund anderthalbhundert Schützenpanzer nach Rzeszów, hundert Kilometer vor der ukrainischen Grenze. Dazu kamen noch über zehntausend Soldaten der 82. Luftlandedivision der US Army – d. Verl.*) Die Amis haben das Kriegsgerät nicht etwa bis Danzig verschifft und anschließend leise durch Polen befördert, sondern demonstrativ und mit medialem Getöse durch unser Land und durch unser Nachbarland rollen lassen. Ich habe Fotos aus dem polnischen Żagań (vormals Sagan) gesehn, da hat sich mir der Magen umgedreht. Die Amis wurden dort auf dem Markt gefeiert wie die Befreier. Warum erzähle ich das?

Jörg Schönbohm war verheiratet mit einer Frau, die aus der weitläufigen Familie Wüsthoff stammte. Die hatten in Obergorpe bei Sagan ein Gut. Im 19. Jahrhundert gab es auch Verbindungen zwischen einem Zweig der Herzfelds und den Wüsthoffs, was aber für diese Geschichte ohne Belang ist. Es geht um Sagan, wo meine Großeltern väterlicherseits lebten. Und die überlieferten die nachfolgende Geschichte, die vielleicht erklärt, weshalb ich als Arzttochter eine Rampensau geworden bin.

Da Sie ankündigen, weit auszuholen, wird es möglicherweise eine sehr ausufernde Geschichte mit vielen Namen und Zeitsprüngen, dass mir bestimmt die Ohren glühen werden und die Übersicht abhanden kommt.

Kann sein, ich werde es dann beim Korrekturlesen, falls erforderlich, geraderücken. – Also: Eine meiner Vorfahren trug im Dezember 1837 Marie Cäcilie über den Markt von Sagan, damit diese in der Kirche getauft werden würde. Da sei der damals 20-jährige Friedrich Wilhelm Frickel hinzugetreten, habe den Schleier vom Gesicht des Täuflings gehoben und gesagt: ›In 18 Jahren werde ich dich heiraten.‹ Was dann auch geschah. Es gibt nur eine Unstimmigkeit: In späteren Dokumenten hieß der Täufling Heermann, in der überlieferten Familiengeschichte hingegen Herzfeld.

Frickel nannte sich 1855 *Wiljalba Frikell* und war international als »magisch-physikalischer Künstler« unterwegs. Es heißt, der Mann aus Sagan sei der größte Magier seiner Zeit gewesen. Er zauberte selbst am Hofe des Zaren in St. Petersburg. So soll er dort, zum Entsetzen aller Hofschranzen einschließlich der Zarin, einen ihrer Brillanten zerschlagen haben, der aber in Wirklichkeit ein geschliffenes Stück Glas aus einem Kronleuchter war. Die Zarin honorierte seine Kunststücke mit einer Parure, also einem Geschmeide mit Halskette, Ohrgehänge, Armband, Brosche und Diadem, das später im Besitz meiner – Sie erinnern sich: ungeliebten schlesischen – Großmutter in Sagan landete.

Was dafür spricht, dass der Täufling von anno 1837 doch eine geborene Herzfeld gewesen sein könnte.

So ist. Das Geschmeide holten sich 1945 die Russen zurück – bis auf die Brosche. Die trage ich noch immer.

Die Brosche vom russischen Zarenhof.
So ist es.

Gibt es auch noch andere Devotionalien des Magiers, der 1903 in Kötzschenbroda starb? Seine Frau folgte ihm zehn Jahre später nach.
Wir hatten einen Raritätenschrank daheim in Pieschen, der gelegentlich geöffnet wurde. Und zu jedem Stück gab es eine Geschichte. ›Hier, das war Frikells berühmte Amethyst-Kugel‹, und: ›Das ist von Sultan Sowieso, wo Frikell weiße und schwarze Tauben miteinander kreuzte: die weißen Tauben bekamen schwarze Köpfe und die weißen schwarze.‹ Daraufhin habe der Sultan seine Knechte kommen lassen und von Frikell verlangt, dass er den Schwarzen weiße Köpfe zauberte und den Weißen schwarze. Frikell habe darauf erklärt, er brauche dazu bestimmte Kräuter, die er bei Vollmond eigenhändig pflücken müsse. Sobald er die habe, würde er wiederkommen, um diese Laune des Sultans zu bedienen. Und schon war er weg für immer.

Die Stücke besitzen Sie noch?
Natürlich. Da hinten steht der Schrank.
Zu meinen zirzensischen Wurzeln gehört wohl auch der Zirkus Milano, ein kleiner Wanderzirkus, der bis in die frühen siebziger Jahre durch die DDR reiste. Unweit der Heidestraße schlug er alljährlich sein Winterquartier auf. Dort half mein Vater auch zwei Kindern zur Welt. Ich war oft im Zirkus zu Besuch, meist am Sonntag, durfte die Wagen und die Ställe besichtigen. Eine

Attraktion war die Löwennummer von Sonja Milano. Unter ihrer Aufsicht durfte ich die Löwin Roja streicheln. Das war die Löwin aus dem DEFA-Märchenfilm »Der kleine Muck«. Und am Sonntag kam der Zirkusdirektor auf seinem Schimmel mit vier seiner Jungs die Großenhainer Straße herunter und bog in unsere Straße ein. Vom Balkon unserer Wohnung sahen wir ihren Kunststücken zu und applaudierten.

Manchmal besuchten Herr und Frau Milano abends meine Eltern, die mich aber wie gewöhnlich gegen sieben bereits ins Bett schickten. Frau Milano war ein zierliches Persönchen, kleiner noch als ich – und ihr Mann galt, als er noch aktiv war, als der stärkste Mann der Welt. Das war schon ein sehr bizarres Paar. Sie trug immer Pelz und kam stets noch an mein Bettchen, öffnete den Mantel und heraus sprang ein Äffchen oder ein Hündchen. Manchmal flatterte auch eine Taube hervor. Sie überraschte uns immer mit einer Nettigkeit.

Ich verstehe noch immer nicht, wie diese Verbindung zwischen den Familien Frickel und Herzfeld zustandekam.

Was gibt es da nicht zu verstehen? Mein Großvater Walter, der Vater meines Vaters, kam aus Halle. Er hatte dort das Gymnasium der Franckeschen Stiftungen besucht, in Halle und Bern Medizin studiert und sich als praktischer Arzt in Pieschen – damals noch ein Vorort von Dresden – niedergelassen. Keine zehn Kilometer weiter lebte im Ledenweg 6 von Kötzschenbroda Wiljalba Frikell mit seiner Frau Marie und deren Schwester Käthe. Und diese Käthe hat mein Großvater

– der damals noch kein Großvater, sondern ein junger Arzt war – geheiratet. Jetzt haben wir's.

Also mal so formuliert: Ihre Großmutter, die Sie nicht sonderlich mochten, war die Schwägerin des größten deutschen Zauberkünstlers des 19. Jahrhunderts.
Das kommt hin.

Was ist aus Wiljalba Frikell geworden?
Gestorben. Mit Mitte 80. Der Entfesselungskünstler Eric Weisz alias Harry Houdini wollte ihn auf seinem Alterssitz in Kötzschenbroda besuchen und traf dort an jenem Tag ein, als Frikell gerade gestorben war. Vor Aufregung! Der Magier hatte sich tagelang intensiv auf diese Begegnung vorbereitet. Das war zuviel für den Kreislauf. Morgens ereilte ihn der Herzschlag.
Die »Villa Frikell«, das »Hexerhaus von Kötzschenbroda«, wurde 1934 abgerissen. Das Grab auf dem Städtischen Friedhof scheint nicht mehr zu existieren.

Und ihr Großvater Walter?
Er war sehr musikalisch, weiß Gott, und pflegte vor allen Dingen die klassische Musik, zusammen mit den Mitgliedern seiner Familie, die sämtlich seine Begabung und Begeisterung für die Musik teilten. Am Tag vor seinem Tod hatte er noch bis abends elf Uhr mit jungen Leuten gesungen. Seine Frau, die ihn anderntags wecken wollte, fand ihn tot im Bett.
Walter Herzfeld, mein Großvater, war ein Mensch von edler Gesinnung, opferbereit, für sich selbst äußerst

anspruchslos. 1922 gehörte er zu den Mitbegründern des *Reichsbundes der Kinderreichen Deutschlands zum Schutze der Familie e.V.* (RdK). Die unabhängige Selbsthilfe-Organisation geriet aber immer mehr unter den Einfluss der Nazis und wurde 1933 dem Rassenpolitischem Amt der NSDAP angeschlossen. Das musste Walter Herzfeld nicht mehr erleben. Er war im März 1929 verstorben. Seiner Beisetzung in Pieschen wohnte der halbe Ort bei, alles seine Patienten.

So, jetzt kommen die Kinder meines Großvaters. Zunächst Tante Helene, genannt Leni, verheiratet mit Diplomingenieur Hans Ziegenhals, Prokurist der Elektrochemischen Gesellschaft mbh Hirschfelde in Sachsen, Vorstandsmitglied der Norddeutschen Acetylen- und Sauerstoffwerke AG in Hamburg und so weiter. In Radebeul führte er auch einen sogenannten kriegswichtigen Betrieb – weshalb er auch noch im Krieg ein Auto besaß, mit dem er meinen Vater – seinen Schwager – aus der Stadt und damit in Sicherheit brachte. Helene war die einzige Tochter.

Dann kam Wilhelm Alfred, mein Vater, gefolgt von Friedrich (Fritz) Herzfeld, dem Kapellmeister und Schriftsteller (»Magie des Taktstocks«). Schließlich Hans, auch ein Ingenieur, ich glaube Lebensmitteltechnik oder so was, danach Alfred, der Maler, und schließlich Reinhold, auch wieder Arzt.

Mit Onkel Reinholds zweiter Frau, Tante Beate, stand ich bis zu ihrem Tod in Verbindung.

Das waren also alle Herzfelds.

Sie sagten mal: allein der Name Herzfeld – jüdischer ging's nicht. Inwieweit spielte das Jüdische eine Rolle in der Familie?

Überhaupt nicht. Mein Vater war Calvinist, und meine Mutter gehörte der Reformierten Kirche der Schweiz an. Mein Urgroßvater, das sagte ich schon, war konvertiert, um Ehrenbürger von Halle zu werden.

Ein Heinrich Herzfeld, ein entfernter Verwandter, hat einmal die gesamte jüdische Familiengeschichte aufgeschrieben, die reicht über Jahrhunderte weit in die Vergangenheit. Ich besitze sie, habe darin auch geblättert, aber mich interessierte es nur mäßig zu erfahren, wer wann wo Rabbiner gewesen ist, welches Geldhaus man besessen oder wer eine Anwaltskanzlei geführt habe … Mich interessieren die letzten hundert Jahre und die überlieferten oder selbst erlebten Geschichten.

Ist es nur das?

Nein. Irgendetwas sperrt sich in mir. Vielleicht hängt es mit meinen Vater zusammen, dass er untertauchen musste. Er hat nie darüber gesprochen.

Während des Studiums, also Mitte der sechziger Jahre, hat eine Dozentin – den Namen verrate ich nicht – zu mir gesagt: »Sie sind ja Jüdin, das sieht man ihnen sofort an!« Dagegen habe ich mich verwahrt. Nicht weil ich der Ansicht war, nicht wie eine Jüdin auszusehen, sondern dagegen, dass ich auf diese Weise gekennzeichnet, gleichsam stigmatisiert wurde.

Oder jenes Jahr nach dem Abitur, als ich bei einem Kollegen meines Vaters in dessen Praxis in Radebeul

»Claudia. Abschied von der Kindheit« nannte Hans Körnig (1905-1989) diese Aquatintaradierung von 1957.
Körnig, Freund der Familie Herzfeld, blieb 1961 im Westen und nahm sich im Oktober '89 das Leben. Seine Urne wurde in Dresden, wo er auch ein Museum hat, beigesetzt

arbeitete. Es endete auch nicht harmonisch und aus dem gleichen Grunde. Beim Essen machte eine Schwester eine abfällige Bemerkung über Juden. Ich kündigte.

Sehen Sie die Federzeichnung da drüben? Da hat mich Hans Körnig, ein Dresdner Maler, mit Dreizehn porträtiert. Jüdischer, finde ich, kann man nicht aussehen. Dazu stehe ich auch. Aber ich nehme daran Anstoß, wenn man mich auf diese Weise etikettiert.

Natürlich beleidige ich niemanden, wenn ich sage: Du siehst aus wie ein Deutscher oder wie ein Schweizer. Aber angesichts der unzähligen denunziatorischen Karikaturen krummnasiger Figuren in der Nazipropaganda verbietet sich die Bemerkung: Du siehst aus wie ein Jude. Denn letztlich greift es auf eben jene Stereotype zurück. Erinnern Sie sich an den *Spiegel*-Titel Anfang 1990 mit Gregor Gysi? Ein listig, geradezu hinterlistig durch seine kreisrunde Brille den Betrachter fokussierender Mann: »Der Drahtzieher«. So etwas nenne ich antisemitischen Dreck.

Ich bin in einem protestantischen Pastorenhaushalt aufgewachsen. Keiner meiner Vorfahren, soweit ich das überschaue, war in der NSDAP oder sonstwie völkisch infiziert. Dennoch meine ich, dass unterschwellig Antisemitismus vorhanden war in Feststellungen wie dieser: Die Juden haben unsern Herrn Jesus ans Kreuz geschlagen. Dabei war der ja selber Jude. Das war Luthers tradierter Antisemitismus. Wir kennen die Judensau an der Wittenberger Stadtkirche, in der auch Dr. Martinus gepredigt hat. Oder wie selbstverständlich wurden gewisse Wendungen und Begriffe benutzt, die antijüdisch konnotiert waren.
   Welche zum Beispiel?

Itzig. Der sieht aber aus wie ein Itzig. Oder: Der ist wie ein Jude hinterm Geld her … Das war noch in den sechziger Jahre, zwanzig Jahre nach dem Krieg. Die Spuren der Nazidiktatur waren längst noch nicht aus den Köpfen verschwunden.
   Erfahrungen dieser Art habe ich als Kind nie machen müssen. Erst später, wie ich sagte. Als ich im Klinikum gekündigt hatte, war meine Mutter entsetzt. Das seien doch so wunderbare Menschen dort.

Sie teilte offenbar nicht den moralischen Rigorismus, zu dem man in der Jugend neigt.
   Das ist ein schönes, treffendes Wort: moralischer Rigorismus. Das gefällt mir.

Und irgendwann kommt dann die Altersmilde.
Die fehlt mir total.

Ach, die stellt sich irgendwann noch ein.
Nicht bei mir. Darauf hat schon Rolf Reuter gehofft, dass sie sich bei mir entwickle. Wobei: Manches, worüber ich mich vor zehn oder zwanzig Jahren noch erregt habe, lässt mich inzwischen kalt.

Sehen Sie.
Welches Jahr haben wir?

2017.
Vor fast sechs Jahrzehnten starb mein Vater. Und seither wache ich jede Nacht zwischen 2 und 3 Uhr auf. Und dafür gibt es eine Erklärung.

Nun bin ich aber gespannt.
Mein Kinderzimmer lag neben unserem Esszimmer. Und um diese Stunde schlurfte mein Vater in seinem alten, filzigen Morgenrock in dieses Zimmer, machte das Deckenlicht an und schrieb seine Partituren, weil er tagsüber dazu keine Zeit hatte. Er war aber schlecht beim Ausradieren von Noten. Er rieb dabei das Notenblatt durch, so dass es nicht mehr zu gebrauchen war.

Ich hörte ihn jede Nacht über den langen Flur kommen. Das elterliche Schlafzimmer befand sich am Ende des Korridors, neben dem Musikzimmer. Dahinter lag die Küche mit Speisekammer. Das Zimmer meines Bruders Urs befand sich zwischen dem Schlafzimmer der Eltern und meinem Reich. Und dem gegenüber waren die Bibliothek und das Esszimmer. Nebenan befand sich die Praxis, die ursprünglich auch eine Wohnung gewesen war. Die Arzträume waren von unserer Wohnung lediglich durch eine Schiebetür getrennt.

Wenn ich Vater kommen hörte, mit dem Tellerchen, auf dem die jeden Abend von meiner Mutter geschälten Äpfelstückchen lagen, folgte ich ihm ins Esszimmer und radierte die Noten. In dieser Stunde gehörte mein Vater mir ganz allein. Er erzählte und fragte, hörte zu, während er schrieb. Empfahl Bücher, die ich lesen sollte und gab Ratschläge, ganz unaufdringlich. Die Art des Umgangs, der Zuwendung, der Aufmerksamkeit vermittelte ein Gefühl von Geborgenheit, von Sicherheit, von Wärme, was sich nachhaltig einprägte.

Und darum werden Sie seither um diese Stunde wach.
Ja. Komisch, nicht wahr?

Nicht komisch. Das war Pädagogik der Spitzenklasse.
Naja, ich weiß nicht, ob Vater oder Mutter sich als Pädagogen sahen, die ihren Kinder vorsätzlich etwas beizubringen versuchten. Sie waren einfach da und nahmen ihre Kinder ernst, behandelten sie wie vernunftbegabte Wesen und nicht als Teig, der geformt werden müsse. Vielleicht klingt das jetzt blöd, wenn ich sage: Vater und Mutter praktizierten eine verantwortungsvolle Erweckung. Wie Laotse sagte: Wirken durch Sein.

An manchen Tagen, wenn Mutter ihre Freundinnen besuchte, ging sie ins Schlafzimmer, kleidete sich an und

Das Silberbrautpaar Herzfeld, 1950. Die Krone war ein Familienerbstück – sie ist im Besitz der jüngsten Tochter

zog ihre Augenbrauen nach, ganz leicht nur, weil sie blonde Haare hatte. Mehr musste nicht sein, sie war bildschön. Ich wollte immer so schön sein und werden wie sie, ist mir aber nicht gelungen. Und wenn Mutter über die Zeit blieb, ging ich mit Vater ins Schlafzimmer und öffnete den Kleiderschrank, in dem ihre duftenden Kleider hingen. Es roch wahnsinnig gut. Dann holten wir Sachen aus dem Schrank und spielten Theater auf dem Korridor. Dazu bedurfte es nicht vieler Worte als Regieanweisung. Vater erklärte mir etwa das Menuett, wie man sich bewegen musste. Mein Vater war ein begnadeter Tänzer. Er lehrte mich also auf diesem langen und von mir sehr gefürchteten, weil dunklen Korridor zu tanzen. Wenn meine Mutter zurückkam, schlug sie angesichts des von uns angerichteten Chaos' die Hände über den Kopf zusammen und sortierte die Kleider wieder ein.

Aus Ihren Erzählungen schließe ich, dass Ihre Mutter keiner geregelten Arbeit nachging.

Sie führte einen großen Haushalt, brachte sechs Kinder hoch, das war Arbeit genug. Wenn Sie damit aber auf die finanzielle Lage bei uns abzielen: Ja, wir waren nicht vermögend. Arm wäre übertrieben zu sagen, aber wir lebten sehr bescheiden und auf kleinem Fuße. Manchmal schickte mich die Mutter in die Praxis, um vom Vater Geld zu holen. In der linken oberen Schublade seines Schreibtisches hatte er ein Schächtelchen, darin lag immer etwas Geld. Seine Patienten waren sehr arme Leute, viel ärmer als wir. Er nahm von diesem Geld, wenn er Hausbesuche machte, zu denen ich ihn oft begleitete. Er kaufte dafür unterwegs mal ein Stück Butter, mal ein Stück Seife, mitunter auch Blumen, alles bestimmt für seine Patienten. Ich ging also zu ihm und bat im Auftrag der Mutter um etwas Geld für den Haushalt. Und wenn er sagte, er habe nichts, wies ich auf die Schublade. »Doch!«

Einmal setzten wir mit der Fähre über, und er ging mit mir in ein Antiquitätengeschäft. Man kannte ihn dort, er schien nicht zum ersten Mal zu Besuch zu sein. Er kaufte mir irgendetwas, ich kann mich nicht mehr daran erinnern, was es war. Er meinte, es sei eine Belohnung dafür, dass ich ihn zu den Hausbesuchen begleite und er nicht allein zu seinen Patienten müsse.

Nicht das Geschenk war bedeutend, sondern die Einführung in die Welt der Antiquitäten. Sie ahnen es: Ich wurde angefixt, wie die Junkies zu sagen pflegen.

Wie kam Ihr Vater mit den gesellschaftlichen Verhältnissen klar? Aus Ihrer kindlichen Erzählperspektive war das Leben in den fünfziger Jahren die reinste Idylle. Was es wahrlich nicht war. Überall noch standen die Trümmer des Krieges, Essen gab es nur auf Zuteilung, also Marken, und die neue Ordnung war auch nicht sonderlich stabil. Ein so sinnenfreudiger, kulturvoller und liberaler Geist wie Ihr Vater hatte bestimmt auch Probleme.

Und ob! Eigentlich kam er mit den Verhältnissen in der DDR überhaupt nicht klar. Die Engstirnigkeit der Funktionäre, ihre Borniertheit machten ihn bisweilen rasend. Ich habe ihn nie brüllend in der Familie erlebt, wohl aber sehr laut am Telefon, wenn es um irgendwelche Medikamente, Einweisungen ins Krankenhaus oder Kuren ging, die verweigert wurden oder so etwas. Er fand das alles ungeheuerlich, und Mutter tröstete ihn: Das hält nicht ewig!

Ich weiß nicht, wo mein Vater politisch stand. Ich interpretiere im Nachgang in bestimmte Reaktionen etwas hinein, weil wir damals nicht darüber sprachen. Vielleicht irre ich mich, vielleicht lege ich mehr hinein, als dort war. Zum Beispiel sagte er mir, als Stalin 1953 starb, ich dürfe jetzt in der Schule nicht lachen. Das kann der Pietät geschuldet gewesen sein, aber auch Ausdruck von Sorge. Wir wissen ja, wie wenig nachsichtig der Apparat reagierte bei vermeintlich mangelndem Respekt gegenüber den gekrönten Häuptern.

Oder wie soll man es deuten, dass sich Vater weigerte, als Opfer des Faschismus anerkannt zu werden? Er sagte, dass das den Menschen von den Nazis zugefügte Leid nicht mit Geld gutgemacht werden könne. Als er gestorben war, sagten wir: Hätte er doch den OdF-Antrag gestellt, dann müsste jetzt unsere Mutter nicht von 348 Mark Rente leben. Man kann die Verweigerung natürlich auch so interpretieren, dass er sich nicht vom System habe korrumpieren lassen wollen.

Das ist eine ziemlich böse Deutung.
Ja, ich weiß. Ich wollte damit nur sagen, dass ich nicht weiß, wo Vater politisch stand.

Und die Mutter?
Bei der war alles klar: Sie lehnte die DDR ab.

Warum ist sie dann trotzdem geblieben? Ihr Mann starb 1960, sie 1988.
Weil sie in der Schweiz nicht als Bettlerin erscheinen wollte! Das aber wäre sie gewesen, wenn sie zurückgekehrt wäre. Außerdem studierte Urs, mein jüngster Bruder, in der DDR, ich ging noch zur Schule.

Vier Geschwister von Ihnen lebten aber bereits drüben.
Mein ältester Bruder Walter kam 1949 aus englischer Kriegsgefangenschaft, der zog gleich wieder in den Westen. Veronika, genannt Genni, und Katharina, die beiden Schwestern, setzten sich auch in die Bundesrepublik ab. Ebenso Klaus.

Als Walter 1973 im Westen starb, durfte ich zur Beisetzung fahren. Ich ließ meine zweijährige Tochter Sophia bei meiner Mutter in Dresden zurück und meldete mich in der Bundesrepublik krank. Das war natürlich gelogen. Wobei ich, da bin ich mir heute ziemlich sicher, nicht geblieben wäre. Nur auskosten, genießen.

Meine Mutter bekam daraufhin Besuch von der Stasi. Sie stellten ziemlich blöde Fragen, und das mit allem Nachdruck, was sich meine Mutter verbat. Zum letzten Mal sei sie derart von der Gestapo bedrängt worden, als die sich nach dem Verbleib ihres Mannes erkundigt hätte. »Selbstverständlich kommt meine Tochter wieder zurück. Und nun gehen Sie bitte.«

Kam was nach?
Nein.

Aber Sie kamen zurück?
Ja.

War das der einzige Zusammenstoß mit dem MfS?
Leider nein, zuvor hatte es schon einmal eine Sache gegeben. Urs hatte nach seinem Studium die verwaiste Praxis unseres verstorbenen Vaters übernommen, da meldete sich eines Tages Horch & Guck wieder. Sie wollten Urs auf seinen Bruder Klaus in Minden ansetzen. Klaus war dort niedergelassener Arzt und im Marburger Bund. Möglicherweise ein wichtiger Funktionär, denn für ein einfaches Mitglied in der Zehntausende zählenden Ärztevereinigung dürfte sich die DDR-Auslandsaufklärung kaum interessiert haben. Ich weiß es nicht. Jedenfalls versuchten sie Urs mit Lockangeboten zu ködern. Das erzählte er unserer Mutter, und die

informierte mich. Ich lebte damals bereits in Berlin. Wutschnaubend habe ich den Anwerbungsversuch lauthals herumgetrötet …

… also dekonspiriert, wie die Geheimdienstler sagen.
Wie auch immer. Ich habe erklärt, dass ich es für eine Schweinerei halte, wenn jemand aufgefordert wird, seinen eigenen Bruder zu bespitzeln.

Was hinter dieser Aktion steckte, wissen Sie nicht, haben es auch nie erfahren?
Wie eben auch das Ende von Walter, dem Ingenieur, unverändert ein Rätsel ist: Mein Bruder war 1973 in Heidelberg erschossen aufgefunden worden. Es sah aus wie ein Selbstmord, aber der schien nicht wenigen, die mit der Leiche befasst waren, fingiert. Doch die offizielle Lesart lautete: Suizid.

Er sei wohl in der Rüstungsindustrie tätig gewesen, wurde geraunt, in der Forschung. Vielleicht wurde deshalb alles unter der Decke gehalten und verschleiert? Keine Ahnung.

Die kaukasische Linie

In den späten neunziger Jahren, hörte ich, soll Ihr Mann vorgeschlagen haben, nach Russland zu gehen?
Ja. Das tat er. Und ich fragte zurück: Besuchsweise oder für immer? Und er: ›Natürlich für immer.‹ Darauf ich: ›Liebster, da musst du allein gehen.‹

Was war der Grund für diese Schnapsidee?
Das war keine Schnapsidee, sondern die Stimme des Blutes, wie man so sagt. Seine Mutter kam aus Helenendorf im Kaukasus, gegründet Anfang des 19. Jahrhunderts von Auswanderern aus Süddeutschland. Der Ort heißt jetzt Chanlar und liegt in Aserbaidschan, auf halbem Wege zwischen Tiflis und Baku.

Das ist aber nicht Russland.
Wer einmal Reuter Schostakowitsch hatte dirigieren sehen und hören, der begriff, das er die russische Seele, die русская душа, diese schwermütige Einheit von Seele und Geist, verinnerlicht hatte. Für ihn war auch der Kaukasus Russland. Aserbaidschan und Georgien, wir sagten Grusinien, gehörten damals zur Sowjetunion.

Gab es einen konkreten Anlass, weshalb er nach Russland ziehen wollte und, offensichtlich, lange darüber mit Ihnen gestritten hat?

Es ging in der Tat lange Zeit zwischen uns hin und her. Meine sofortige Ablehnung seines Vorschlags führte nicht dazu, dass er den Gedanken begrub. Mit Verlaub: Reuter war bereits jenseits der Siebzig – da fängt man nicht noch einmal im Ausland neu an.

Natürlich gab es einen konkreten Anlass: die deutsche Politik. Er hatte die Schnauze voll, wie man so sagt. Er sah, was da kommen würde, war hochkritisch und sagte darum: Wir gehen weg, nach Russland!

Andere flohen in dem Alter in die Türkei oder nach Spanien, auf die Balearen oder auf die Kanaren.

Ihn zog es eben nach Russland, in den Kaukasus, dorthin, wo seine Mutter hergekommen war, aus ›Gelenendorf‹. Ich bin wirklich zu vielem fähig, sagte ich ihm, ich kann das Leben unter widrigsten Umständen organisieren – aber in Russland, das schaffe ich nicht! Ich will nicht, ich will einfach nicht. So wie ich jetzt nicht in die Schweiz auswandere, ich bleibe auch mit Pass hier. Aber ich verstand Reuter, seine Enttäuschung von Deutschland. Es war im Umfeld des Kosovo-Konfliktes, wo Deutschlands erstmals nach 1945 wieder in den Krieg zog. Dieser Krieg war völkerrechtswidrig, was Schröder als Altkanzler später unumwunden zugab. Reuter aber sah das gleich. Das widerte ihn an.

Wie empfanden Sie seinen Vorschlag – außer dass Sie es ablehnten, Ihrem Mann folgen zu wollen?

Er hat mich damit beeindruckt. Rolf Reuter handelte eigentlich gegen seine Grundüberzeugung: Man bleibt

Rolf und Claudia Reuter in den späten neunziger Jahren

da, wo man hingestellt wird. Dieses Credo hat er mir nämlich immer um die Ohren gehauen, wenn ich in meinem jugendlichen Leichtsinn ihm hin und wieder riet, er solle im Westen bleiben, ich würde die Trennung schon aushalten, bis die DDR mich mit den Kindern würde ausreisen lassen. Er nahm mich dann jedes Mal richtig zur Brust: ›Was, ausgerechnet du willst in den Westen? Du willst deine Mutter, deine Freunde, Dresden und alles, was deine Heimat ausmacht, verlassen! Wofür?‹ Und dann kam stets dieser Satz: Man bleibt da, wo man hingestellt ist und lässt nicht andere im Stich. Seine Mutter war eine religiöse Frau, und auch er war es. Und diese Haltung war echt lutherisch: Ein guter Hirte bleibt bei seinen Schafen.

Solche Vermahnungen haben mich wirklich beeindruckt. Er dachte in anderen moralischen und historischen Dimensionen und Zusammenhängen.

Vermutlich ließen diese Überlegungen ihn dann auch von seinem Wunsch, nach Russland zu gehen, Abstand nehmen. – Erzählen Sie doch mal etwas über die kaukasischen Wurzeln Ihres Mannes.

Die Vorfahren seiner Mutter kamen aus Schwaben, waren vor Krieg und dem schlechtem Wetter geflohen. Kein Witz. 1816 ging als »Jahr ohne Sommer« in die Geschichte ein. In Indonesien war ein Vulkan ausgebrochen, was zu extremen Temperaturstürzen selbst im Süden Europas führte: schwere Unwetter, Überschwemmungen, Missernten waren die Folge.

Die Not war über Jahre groß – und Zar Alexander I., dessen Mutter aus Süddeutschland stammte, lud die Landsleute der Zarinmutter ein, sich im Kaukasus anzusiedeln. Er versprach Religionsfreiheit und dass die Männer von einer Wehrpflicht freigestellt seien. Natürlich trieben den Zaren nicht Altruismus und Friedenswille. Er wollte in den vom Russischen Reich kolonisierten Territorien Menschen ansiedeln, die sich der Krone gegenüber loyal verhielten und motiviert waren, das Land urbar zu machen. Warum holten die Preußen die Hugenotten? Die Besiedlungspolitik des Zaren war durchaus politisch konnotiert.

So kam denn auch die Weinbauernfamilie Votteler aus Württemberg und legte sich im Kaukasus einen Weinberg zu. Die schwäbischen Siedler nannten den

Ort Helenendorf, errichteten Häuser, eine Schule, eine Kirche, Weinkeller und eine Cognacfabrik.

Reuters Mutter, die in der DDR lebte und in jenem Jahr starb, als ich Reuter kennenlernte, das war 1969, berichtete von ihrem einstigen Anwesen dort. Es war so groß, dass sie Tschetschenen als Landarbeiter beschäftigten. Um ihr Weinanbaugebiet zu umrunden, ritt man einen Tag geradeaus, einen Tag quer und einen Tag zurück. Noch vorm Ersten Weltkrieg habe die Siedlung, die inzwischen einige Tausend Menschen zählte, als erste in ganz Aserbaidschan elektrischen Strom und Telefonanschlüsse gehabt, erinnerte sie sich. Die Kinder der Weinbauern wurden nach Deutschland zum Studium geschickt – etwa sie, die nachmalige Mutter meines Mannes. Erna Sophie Votteler studierte in Halle Musik, wurde Sängerin und heiratete ihren Lehrer Dr. Fritz Reuter 1924. Gegen den Widerstand von Reuters Mutter, die keine Russin (!) in der Familie haben wollte. Die Ehe war Erna Sophies großes Glück in jeder Hinsicht: Ihre Familie in Helenendorf überstand die von Stalin 1941 angewiesene Umsiedlung nicht. Sie, Mutter von vier Kindern, war die einzige Votteler, die überlebte.

Eines dieser Kinder war also Rolf Reuter, sein Vater Fritz Reuter folglich Ihr Schwiegervater.

Den ich nicht kennenlernte, weil er 1963 verstarb. Er liegt im Familiengrab in Dresden-Plauen, wo auch seine Frau und mein Mann bestattet wurden.

Mit Tochter Agnes und Mann am Familiengrab der Reuters in Dresden-Plauen, 1995

Auch wenn Sie ihn nie trafen, werden Sie Ihren Schwiegervater Fritz Reuter gewiss kennen.

Natürlich, er war ein sehr bekannter Mann. Sein Vater war Bau- und Zimmermeister in Dresden. Er selbst schlug völlig aus der Art, als er am dortigen Konservatorium, später auch in Leipzig, Musik studierte. In Leipzig promovierte Fritz Reuter zum Dr. phil. – und das zum sehr speziellen Thema »Geschichte der frühdeutschen Oper in Leipzig 1693-1720«.

Bis 1933 lehrte mein Schwiegervater u. a. Theorie- und Kompositionslehre am Landeskoservatorium. Bei den Nazis verlor er seine Lehraufträge, weil er 1929 – im Auftrag der Sowjetunion – eine »Daghestanische Suite für großes Orchester« komponiert und Leipziger Arbeiterchöre, die »Michaelschen Chöre«, dirigiert hatte. Nach seinem Kotau ließen ihn die Nazis wieder unterrichten – als Musiklehrer an einem Gymnasium. Die Gestapo behielt ihn aber auf dem Zettel, weil er eine Jüdin unterstützte.

1945 beriefen ihn die sowjetischen Militärbehörden als Dramaturgen und Kapellmeister an die Dresdner Volksoper, wo er auch etliche Bühnenwerke komponierte. 1949 erhielt er einen Lehrauftrag an der Universität Halle, 1952 wurde er dort ordentlicher Professor mit Lehrstuhl – dem ersten für Musikpädagogik an einer deutschen Universität! –, und drei Jahre später folgte er einem Ruf an die Humboldt-Universität zu Berlin. Dort gibt es noch immer einen Fritz-Reuter-Konzertsaal mit Schuke-Orgel.

In einigen Quellen finden sich auch Urteile über Fritz Reuter, die nicht eben freundlich sind. Während er von einigen als einer der »Gründungsväter der Musikpädagogik in Deutschland«, von anderen als »Nestor der DDR-Musikerziehung« mit internationalem Ruf gewürdigt und verehrt wird, schmähen ihn andere als Opportunisten. Fritz Reuter habe sich sowohl als Komponist als auch als Wissenschaftler im Nationalsozialismus und später im Sozialismus angepasst. So ein Rektor einer Hochschule für Musik in Freiburg im Breisgau.

Da kann ich nur mit Alois Hundhammer antworten, einst bayerischer Kultus- und Landwirtschaftsminister, der diesen Satz gern zitierte: »Was juckt es die deutsche Eiche, wenn sich die Wildsau an ihr reibt«?

Je berühmter man ist, desto größer ist die Schar der Neider. – Aber zurück zu den kaukasischen Wurzeln. Die waren mit der Stalinschen Umsiedlungspolitik und dem Großen Terror ausgerissen worden. Gab es wirklich niemanden mehr aus der Familie Votteler?

Doch, irgendeine Großcousine mit zwei Söhnen. Die holte mein Mann Mitte der siebziger Jahre in die DDR, was insofern nicht ganz leicht war, als diese Albine Anker mit einem Russen verheiratet war.

Kamen sie besuchsweise oder für immer?

Für immer. Die fünf brachten wir zunächst in unserem Haus in der Philipp-Reis-Straße in Leipzig-Leutzsch unter, wir hatten da ein großes Gästezimmer. Die erste Begegnung – Rolf hatte sie vom Bahnhof abgeholt – werde ich nicht vergessen. Sie trugen etwas Mantelähnliches, und um ihre äußerst merkwürdig aussehenden Schuhe hatten sie Lappen gewickelt. Sie hatten so gut wie kein Gepäck. Die beiden Söhne und auch der Mann sprachen kein Wort Deutsch, und die ziemlich alte Mutter von Albine Anker benutzte ein warmes, antiquiertes Schwäbisch. Es hatte eine gewisse Ähnlichkeit mit Mutters Mundart.

Sie lebten wohl ein Dreivierteljahr unter unserem Dach, ehe wir für sie eine dauerhafte Bleibe fanden, eine kleine Wohnung in Leipzig. Die Jungs lernten an einer Schule Deutsch, wo sie »die Russen« waren, während sie in der Sowjetunion als »Faschisten« gehänselt worden waren, weil sie als Deutsche galten. Dieses Problem soll noch immer existieren.

Solche Erfahrung machten die sogenannten Spätaussiedler in den neunziger Jahren massenhaft. Tragisch und dämlich zugleich.

Die beiden Jungs haben nie wieder Russisch gesprochen, wie ich weiß.

Bekamen sie die DDR-Staatsbürgerschaft?

Sie lehnten diese ab und fanden ihren Status »staatenlos« ganz praktisch, weil sie dadurch in den Westen reisen konnten. Sie hatten dort nämlich noch irgendwelche Verwandten oder Bekannten. Eines Tages blieben sie in der Bundesrepublik und kamen nicht mehr zurück nach Leipzig. Wir hatten geraume Zeit noch postalischen Kontakt. Als Rolf starb, haben sie kondoliert. Das war es dann. Ich habe nie wieder etwas von der Familie gehört.

Reuters Mutter Erna Sophie soll die Familie mit eiserner Hand zusammengehalten haben, las ich irgendwo.

Mit eiserner Hand? Das glaube ich nicht. Aber es gab ein starkes Zusammengehörigkeitsgefühl. Rolfs Schwestern Ulla und Barbara sowie seine jüngste Schwester, genannt »das Dorli«, hielten unglaublich zusammen. Ich sah da Ähnlichkeiten zu meiner Familie, den Herzfelds.

Das geistig-moralische Zentrum war Fritz Reuter, der produktive Komponist und große Schulpädagoge. Und seine Frau, die Mutter Erna Sophie, war die Erda, die *mater familias*.

Was wohl auch erklärt, weshalb der siebzehn Jahre ältere Rolf Reuter Sie als Lebensgefährtin auswählte. Für ihn waren Sie auch »Erda«.
Das würde ich nicht bestreiten.

Helenendorf... War Ihr Mann jemals dort?
Niemals. Es war die sogenannte Stimme des Blutes, die ihn jedoch immer aufforderte, dort hinzugehen.

Klingt mir sehr metaphysisch.
Natürlich. Es gibt Dinge zwischen Himmel und Erde, die wir uns rational nicht erklären können.

Meine Vorfahren mütterlicherseits kamen aus Trakehnen in Ostpreußen. 2006 war ich mit meinen drei Söhnen zum ersten und einzigen Mal dort. Und irgendwann standen wir im Dorf vor einer Leerstelle, und ich spürte: Hier war's, hier stand das Haus unserer Ahnen. Wir holten die alte Karte des Ortes raus, die ich von meiner Mutter mitbekommen hatte mit der Markierung ihrer Gestütswohnung. Und tatsächlich: Es war eben jene Stelle, an der wir standen. Merkwürdig, nicht?
Ich kann das sehr gut nachvollziehen. Wie ich eben auch die kaukasischen Intentionen von Rolf wie auch die lebenslangen Beziehungen seiner Schwestern Ulla – Dr. Ursula Wendler mit bürgerlichem Namen – und Dr. Dorothea Seipelt, das Dorli, zu Russlanddeutschen verstehe. Ich kannte und kenne diese gefühlsmäßige Bindung nicht. Ich habe andere Wurzeln.

Aber Helenendorf und der Kaukasus ist Ihnen nicht fremd?

Wie das mit den Zufällen so ist. Morgens, wenn ich mit dem Hund im Schlosspark unterwegs bin, trifft man nur wenige Menschen. So lernte ich auch einen kleinen älteren Herrn kennen – wirklich: ein Herr –, der Laufübungen und dergleichen sportliche Verrenkungen in der Morgensonne machte. Wie sich im Gespräch zeigte, hatte Herr Eckert enge Beziehungen zu Russland, brachte dort Medikamente hin, die er zuvor sammelte. Und der kannte »Gelenendorf«, er hatte zu den Russlanddeutschen geforscht. Ich habe ihn dann auch mal besucht, um mir seine Forschungsergebnisse anzusehen. Das war beeindruckend.

Und mein Schwager Prof. Jürgen Wendler, Ursulas Mann, machte mich 2014 auf einen aserbaidschanischen Spielfilm mit dem fast achtzigjährigen Dieter Hallervorden aufmerksam. Der spielte darin einen der rund 23.000 Kaukasiendeutschen. Nachdem die faschistische Wehrmacht die Sowjetunion überfallen hatte, erschienen Rotarmisten auch in Gelenendorf und vertrieben auf Geheiß Stalins alle Deutschen, die nicht mit Einheimischen verheiratet waren, nach Kasachstan und Sibirien. Günther Braun, gespielt von Hallervorden, in Deutschland lebend, will sich nach siebzig Jahren an einem damaligen Kollaborateur rächen. Dieser damals halbwüchsige Markus hatte einen Aserbaidschaner verpfiffen, der ein deutsches Waisenmädchen als seine Schwiegertochter ausgegeben hatte, um sie vor der Deportation zu bewahren.

Der in Buckow im Krankenbett liegende Braun/Hallervorden schickt nun seinen Enkel Richard nach Gelenendorf ...

Kein großes Kunstwerk, aber ein sehr interessantes Sujet, alles in allem ein sehr deutschfreundlicher aserbaidschanischer Film, in dem, obwohl er während des Großen Vaterländischen Krieges spielt, kein einziger Faschist in Uniform zu sehen ist, der am »Schlakbaum« steht und »Achtung, Achtung!« brüllt. Verräter und Verratene sind hier Deutsche, aber sie sind es am Ende auch, die die Angelegenheit zivilisiert zu Ende bringen.

Ich kenne den Film nicht.

Ich hätte auch nicht davon gehört, wenn mein Schwager mich nicht darauf aufmerksam gemacht hätte. Bin mir nicht einmal sicher, ob »Quisas almadan ölme« (sinngemäß »Sterben in Versöhnung«) überhaupt einen deutschen Verleiher gefunden hat.

Das Schicksal der Russlanddeutschen beschäftigt Sie unverändert?

Selbstverständlich. Wie mit den »Rückkehrern« nach dem Untergang der Sowjetunion hierzulande bisweilen umgegangen wurde, empfand ich als würdelos.

Wie auch wohl generell mit Flüchtlingen, die stets als Belastung wahrgenommen werden.

Ich nehme jedes russische oder russlanddeutsche Kind in unsere Förderer-Akademie auf, wenn es annähernd das Leistungsniveau hat wie unsere Begabten.

Das mache ich im Andenken an meinen Mann und auch im Wissen darum, dass diese Kinder und Jugendlichen einen ganz anderen musischen Hintergrund haben.

Welchen? Frage ich jetzt die Musikpädagogin.
Wissenschaftlich kann ich das nicht beantworten, aber diese Kinder haben einen anderen Wertekanon. Kultur hat für sie einen hohen Wert, einen anderen als hierzulande. Musik, Literatur, Tradition – das wurde dort gepflegt. Ich meine, in der russischen Seele gibt es auch einen germanophilen Zug.

Wie es in der deutschen Seele einen antislawischen, russophoben Zug gibt.
O ja. Der Osten war immer das unverstandene, das bedrohliche Fremde. Die Nazis haben diese diffuse Furcht vor den Slawen nicht nur kultiviert, sondern bewusst forciert, um die im Osten siedelnden »Untermenschen« nicht nur zu unterjochen, sondern auszurotten. Und diese dumpfe, geradezu mystische Aversion existiert unterschwellig noch immer. Im Westen stärker als im Osten. Denn bei allem begründeten Missmut gegenüber den Besatzern lernten wir miteinander umzugehen: Sie waren Individuen, wir waren es auch – mit den gleichen Empfindungen und Gefühlen. Die Ostdeutschen haben sich nicht »angepasst«, sondern gelernt, dass man in Frieden miteinander leben kann.

Die Tünche auf den deutsch-russischen Beziehungen nach dem Untergang der Sowjetunion hielt nicht lange.

Das müssen Sie mir nicht sagen. Der alte Feind im Kalten Krieg war schon bald der neue. Eigentlich hatte sich nichts geändert. Herr Schumann, dass wir uns nicht missverstehen: Ich finde die Politik von Putin in verschiedenen Dingen höchst kritikwürdig. Aber das hat nichts mit dem russischen Volk zu tun, gar nichts. Als alte Frau verstehe ich einfach nicht, dass die deutsche Politik nicht wenigstens so klug ist – nach allem, was unsere Völker sich einander angetan haben –, Vernunft, Verständnis und Menschlichkeit in den Beziehungen walten zu lassen. Ich verstehe das einfach nicht, warum wir eine so bescheuerte Politik machen müssen.

Nun, das ist wohl Wunsch und Wille der westlichen Führungsmacht. Die will nicht, dass sich westeuropäisches Knowhow mit russischen Ressourcen verbündet. Die eurasische Wirtschaftsmacht wäre ein Konkurrent, den man nicht gebrauchen kann.

Ja, absolut richtig. Und die deutsche Politik schießt sich dabei mit voller Lust ins eigene Knie, betrachtet den Suizid als wirksamste Abwehr einer vermeintlich drohenden Erdrosselung ...

Mein Mann war so erbost – wobei das Wort erbost charakterlich zu Rolf gar nicht passt, er war wütend –, dass die bundesdeutsche Politik die Russlanddeutschen nicht wirklich in den Arm genommen und gesagt hat: Nach all dem, was ihr in fast zweihundert Jahren erlitten habt, könnt ihr jetzt kommen und an unserem Wohlstand teilhaben. Statt dessen trafen sie auf Ablehnung wie nach 1945 die Flüchtlinge aus dem Osten. Bei

Rolf Reuter bei einer Probe in den achtziger Jahren

uns hießen sie Umsiedler, im Westen Vertriebene. Auch das sagte schon einiges aus! Die »Vertreibung« hatte doch eigentlich am 1. September 1939 begonnen, als die Wehrmacht in Polen einfiel.

Hat Rolf Reuter, Ihr Mann, mal eruiert, wie viele russlanddeutsche Familienangehörige während des Krieges vertrieben wurden und/oder ihr Leben verloren haben? Hatte er da die Übersicht?

Das kann ich Ihnen nicht beantworten, das weiß ich nicht. Die Idiotie bestand doch in der Unterstellung, dass alle Deutschstämmigen zur Wehrmacht überlaufen und gegen die Sowjetunion kämpfen würden. Deshalb deportierte man sie nach Kasachstan oder nach Sibirien. Auf der anderen Seite gab es sehr viele Deutsche, die sich freiwillig zur Roten Armee meldeten, um die Sowjetunion gegen die faschistischen Okkupanten zu verteidigen.

Ich habe hier einen Brief meines Mannes. »Liebe Claudia, wir müssen ein Familienarchiv herstellen. Wir sind es unseren Vorfahren und zukünftigen Generationen schuldig. Wir sind das verantwortliche Zwischenglied. Dein Rolf, Berlin, Ostersonntag, 2004.«

Das war drei Jahre vor seinem Tod. Er wollte ein geordnetes Haus hinterlassen.

Richtig, und ich überlege seither, wie ich das machen soll. Dass es gemacht werden muss, ist unstreitig. (*Es gibt seit 2022 eine Darstellung der Geschichte der Familie Herzfeld in Dresden, die Saskia von Boxberg – Tochter der ältesten Schwester von Claudia Reuter, Katharina v. B. – in immenser Fleißarbeit zusammengetragen hat – d. Verl.*)

War es üblich, dass Sie und Ihr Mann schriftlich miteinander verkehrten?

Ja. Wir hatten ein System. Ich legte meinen Zettel auf die dritte Treppenstufe.

Das war aber schon Am Iderfenngraben?

Ja. – Den nahm er mit nach oben in sein Arbeitszimmer, und ich kriegte einen Zettel retour. Mein Mann war bei emotionalen Bekundungen so puritanisch wie es seine Mutter und seine Schwestern auch waren …

Also Mangelware. Aber Sie haben sich geduzt?

Ja!

Und die Anrede lautete »Herr General«?
Darüber hat er sich immer königlich amüsiert. Es war am Opernhaus üblich, dass der Generalmusikdirektor mit »Herr General« tituliert wurde, und ich in meiner allertiefsten, bis ans Lebensende anhaltenden Verehrung für diesen Mann habe in der ersten Zeit auch immer »Herr General« zu ihm gesagt. Etwa: »Herr General, möchtest du noch eine Scheibe Brot?«

Das hat ihm gefallen.
Oja, das gefiel ihm.

Aber wann war damit Schluss? Und was kam danach?
Liebster.

Tatsächlich?
Das kam mit »Troubadour«, der Verdi-Oper. Er dirigierte, und ich saß wie immer in der ersten Reihe im Publikum. Wir waren bereits ein Jahr verheiratet. In der Oper gibt es eine markante Orchesterstelle, als Leonora zu ihrem sterbenden Mann in den Folterkeller eilt, um gemeinsam mit ihm zu sterben. Sie hatte Gift genommen. Bereits auf dem Gang dorthin versagten ihre Kräfte und sie rief: »Liebster, hörst du mich?«
An dieser Stelle drehte sich der General zu mir um (und das wiederholte sich bei jeder Aufführung). Seither war er »Liebster« und nicht mehr General.

Obwohl er, wie Sie sagten, nicht unbedingt zärtliche Worte zu seinem bevorzugten Vokabular gehörten.

Beim Umzug in diese Wohnung sind mir Zettel und Karten von ihm in die Hände gefallen, die dem zumindest punktuell widersprechen.

Ich hatte ihm einmal das Leben gerettet. Er klagte tagelang über heftige Leibschmerzen, weigerte sich aber zum Arzt zu gehen, es sei nur eine falsche Yoga-Übung gewesen, eine Zerrung oder dergleichen, behauptete er. Von einer Zerrung kriegt man kein Fieber, sagte ich. Ich schlug ihm vor, Prof. Horst Heine, seinen behandelnden Arzt, zu konsultieren. Mit Heine waren wir überdies befreundet.

Als ich Reuter endlich im Auto hatte, fuhr ich gleich in die Notaufnahme nach Buch. Er hatte einen durchbrochenen Blinddarm und bereits eine fortgeschrittene Sepsis. Es vergingen Wochen, ehe er genas. Und in der Zeit hat er mir wohl an die zwanzig Karten geschrieben.

Die er auf die Treppenstufe legte, um danach wieder in seinem Arbeitszimmer zu verschwinden. Sie fanden das Kärtchen und haben ihm geantwortet. Oder?

Nein, ich habe nicht geantwortet.

Sie haben nicht geantwortet?

Ich habe nicht geantwortet, nein, nein. Weder mündlich noch schriftlich. Ich habe die Karten nur gesammmelt und in ein Kästchen gelegt. Dort hatte ich sie vollkommen vergessen. Bis zum Umzug. Und war geplättet, als ich sie jetzt wieder las. Was für eine Liebesgeschichte! Ich habe lange gebraucht, das zu begreifen. Die Karten kann man lesen, sie enthalten nichts

Intimes. Es ist der Zauber zwischen zwei innig verbundenen Menschen.

Ich will Ihnen noch etwas zeigen, Herr Schumann. Reuter hat in den letzten Lebensjahren Chinesisch gelernt, weil er sich als Zen-Buddhist verstand. Eines Tages fand ich auf so einem Karton chinesische Schriftzeichen mit der Übersetzung »Mamas Garten ist das Himmelreich auf Erden«. Und das nahm er wohl als Vorlage für seine Glückwunschkarte am 18. Juli 2007. Zu meinem – was zu vermuten war – letzten Geburtstag an seiner Seite schrieb er:

»Liebste, Du bist mir das Teuerste auf dieser Welt, Dir allein verdanke ich alles, was ich bin und habe. Gesundheit, Glück, Freude und Erfolg mögen Dir noch lange nach meinem Tod beschieden bleiben. Wir können ganz ruhig sein, denn alles liegt in Gottes Hand.

Dein Mann, am Tage Deines 64. Geburtstags, Berlin, den 18. Juli 2007.«

Er wäre am 7. Oktober, am Staatsfeiertag der DDR, 81 geworden. Ist er aber nicht. Er starb am 10. September 2007.

War, als er das schrieb, das Ende absehbar?
Er wusste, dass er stirbt.

Woran ist er gestorben?
Er hat aus dem Krieg eine Hepatitis C mitgebracht, ohne dass diese entdeckt worden war. Als wir schon der Westen waren, hat Professor Heine einmal eine Blutuntersuchung vorgenommen und dabei die Leberent-

zündung bemerkt. Der Dignose folgte der Vorschlag einer Therapie, die Reuter rigoros ablehnte.

Ich habe Prof. Heine angeboten, dass ich meine Leber spendete, was zu einem tagelangen Zerwürfnis zwischen Reuter und mir führte. Ich wollte, dass er lebte, aber er wollte nicht auf Kosten anderer überleben. »Wie kommst du dazu, das lehne ich ab, so was will ich nicht!« – und ich saß da wie ein Marienkäferchen und hatte es eigentlich nur gut gemeint.

Das wäre Ihr Exitus gewesen. Man kann eine Niere spenden, davon hat man zwei. Aber nur eine Leber.

Nicht die ganze Leber. Nur einen Lappen. Das wächst wieder nach. Aber er wollte das nicht und erregte sich maßlos. In den ganzen 38 Jahren unsere Ehe habe ich mich nie so verletzt gefühlt wie in jenem Moment. Drei Tage lang habe ich mit ihm kein Wort gewechselt.

›Ist dir eigentlich klar, was du mir angetan hast‹, fragte ich ihn, als wir wieder redeten. ›Das war Ausdruck grenzenloser Liebe! Doch du kanzelst mich ab.‹ Da war er still, hat nichts mehr gesagt.

Irgendwann kam er runter aus seinem Arbeitszimmer und sagte etwas, was ich noch nie von ihm gehört hatte: »Es tut mir leid.«

Es war also das einzige Mal, dass er sich bei Ihnen entschuldigt hat? Wiederholung fand nicht statt?

Genau. – Aus der Hepatitis C entwickelte sich eine Leberzirrhose, dann der Krebs, und daran ist er gestorben. Der Krebs hätte vielleicht noch Zeit gehabt, wenn

Am 80. Geburtstag, Reuters letztem; 7. Oktober 2006

nicht diese Aufregung dazugekommen wäre. Diese Denunziation hat sein Ende beschleunigt.

Sie sprachen wiederholt von der symbiotischen Beziehung zu Ihrem Mann. Welchen Platz hatten da Ihre Kinder?

Sie waren die Erfüllung. Ich wollte nur einen Mann und viele Kinder in meinem Leben, und dass ich überhaupt schwanger wurde, entgegen der ärztlichen Prognose, war ein großes Glück.

Ich war Mutter ganz und gar, was auch Reuter als beglückend empfand.

Aus der Perspektive des Vaters: Kinder stören in einer Zweierbeziehung. Zumindest so lange sie klein sind und man mit ihnen nichts anfangen kann.

Im Gegenteil, sie waren das Bindeglied zwischen uns beiden. Und Reuter war dankbar, dass ich vom Theater abging und mich ganz um unsere Kinder kümmerte. Er sah, dass ich darin meine Erfüllung fand.

An diesem Rollenverständnis hätte die CDU ihre Freude.

Na, außer den Kindern und der Küche gab es ja auch noch mehr. Ich habe alle seine Geschäftsdinge erledigt, war also seine Sekretärin. Die Gefahr zu verblöden war gering. Dennoch drängte er darauf, dass ich wieder an die Oper zurückkehre, als die Kinder groß waren. »Du bist für die Oper geboren.« Ich wehrte mit dem Hinweis ab, dass wir zu viele zerbrochene Ehen kennten, weil beide Partner berufstätig schwer im Geschirr hingen. Frau Ragwitz …

… die für Kultur im Zentralkomitee der SED zuständige Abteilungsleiterin …

… mahnte mich auch. Mein Studium habe so viel gekostet, da könne ich nicht einfach zu Hause bleiben.

Und: Blieben Sie?

Ich habe mich beim Kulturminister erkundigt. Bei einem Empfang habe ich ihn gefragt, wie er das sehe.

Frau Ragwitz sei der Meinung, ich müsse arbeiten gehen, worauf ich geantwortet hätte, ich habe eine gesunde, glückliche Familie: Das sei doch auch etwas wert.

Hans-Joachim Hoffmann, der aus dem schlesischen Bunzlau stammte, lächelte und sagte, seine Mutter sei eine einfache Arbeiterfrau gewesen und auch zu Hause geblieben, als es ihr möglich war. Er fände daran nichts Anstößiges.

Theater

Seit wann waren Sie am Theater?
1969 habe ich an der Leipziger Oper als Regieassistentin angefangen. Und das kam so: Vor dem Abschluss des Studiums der Musikwissenschaften – ich wäre danach in irgendeinem Musikverlag als Lektorin oder bei einer Musikzeitschrift als Redakteurin gelandet – musste ich ein Praktikum an der Komischen Oper in Berlin absolvieren. Joachim Herz war ein grandioser Theaterregisseur und inszenierte dort gerade »Der junge Lord«, eine komische Oper in zwei Akten von Hans Werner Henze. Sein Assistent war ein Sohn von Walter Felsenstein, dem Gründer und Intendanten der Komischen Oper in Berlin. Aus einem mir unbekannten Grund war der plötzlich weg und Herz ohne Assistent. So kam ich in die glückliche Situation, nicht mehr einsam in irgendeinem Büro irgendwelche Artikel schreiben, sondern die Regieanweisungen von Herz notieren zu müssen. Herz kritisierte bei der Probe stakkatoartig jede Szene, was ich festhalten sollte, und da der ein phänomenales Gedächtnis hatte, musste jedes Wort sitzen. Da ich aber an der Volkshochschule vor vielen Jahren Steno gelernt hatte, fiel mir das nicht schwer.

Nach Abblauf der Probe ging Herz vom Pult auf die Bühne und Szene um Szene mit den Sängern durch, und ich konnte alles genau wiedergeben, was er unten von sich gegeben hatte. Die Präzision beeindruckte ihn sehr. Und mir gefiel es auch.

Und nach den zehn Wochen Praktikum stand für mich fest: Ich will Opernregisseurin werden! Davor aber musste man den Bühnennachweis erbringen, sich also als Theaterassistentin bewerben. Was ich auch tat. Ich bekam Angebote aus Dresden und Zwickau und wäre gern in meine Heimatstadt gegangen, wovon mir jedoch abgeraten wurde: Da liefen nur alte Stücke. Daraufhin wandte ich mich an Joachim Herz.

Achtung, Kalauer: Herz drückte Sie sogleich an sein Herz.
Überhaupt nicht. Am 2. Weihnachtsfeiertag rief mich seine Sekretärin an und nannte mir einen Termin, wann ich mich beim Direktor der Leipziger Oper vorzustellen habe. Ich fuhr mit Schweizer Weihnachtskeksen zum Termin nach Leipzig – und bekam von Prof. Joachim Herz erst einmal zu hören, warum er prinzipiell gegen Frauen in diesem Beruf sei. Entweder sie hätten Erfolg im Beruf, was immer zu Lasten ihrer Familie gehe, weshalb sie unglücklich würden und weniger leisteten. Oder aber sie sorgten sich zu sehr um die Familie, worunter auch die Arbeit am Theater litte.

O, sagte ich, da könne ich ihn beruhigen, ich lebe gerade in Scheidung.

Sie saßen auf der Besetzungscouch bei Joachim Herz?
Nana, komm, Herr Schumann … Er hat mich engagiert. Und es war mir eine Ehre, unter ihm zu arbeiten.

Ihren damaligen Mann haben Sie bisher verschwiegen. Wer war das?

Gerd Schönfelder, Oberassistent und Parteisekretär am Musikwissenschaftlichen Institut, an dem ich studierte. Er war ein äußerst kluger Mann, der in China studiert hatte und fließend Mandarin sprach. Er hatte meine Diplomarbeit über den Komponisten und Musikpädagogen Carl Geißler, mit dem ich ausführlich gesprochen hatte, im Wortsinne zerrissen. Ich konnte dem Institutsdirektor ...

... Professor Walther Siegmund-Schultze, den die Studenten respektlos Siegmund-Schnulze nannten, Sie erwähnten das bereits ...

... nur die Schnipsel meiner Diplomarbeit präsentieren.

Aber Gerd hat sich auf der anderen Seite auch immer schützend vor uns »konterrevolutionäre Elemente« gestellt. Das muss man ihm lassen. Wir sind zum Beispiel am Reformationstag mit den Reformationsbrötchen, also die Lutherrose mit einem Kleks Marmelade in der Mitte, in der Musikwissenschaft erschienen und haben erklärt, dass die Vorlesungen ausfallen, wir würden jedenfalls nicht daran teilnehmen. Heute sei Feiertag. Was der 31. Oktober in der DDR nicht war und heute auch nur in den ostdeutschen Ländern ist. Bis auf Berlin – da hängt ja Westberlin mit dran.

Am 31. Oktober 1517 soll Luther an die Tür der Schlosskirche zu Wittenberg seine 95 Thesen genagelt haben, was als Beginn der evangelisch-protestantischen Trennung von der katholischen Kirche gilt, eben Reformation.

Richtig. Parteisekretär Schönfelder hielt den Ball flach und versuchte mich geschickt zu ködern: »Fräulein Herzfeld, wenn Sie am 1. Mai mit zur Demonstration kommen, lade ich Sie hinterher zum Essen ein.«

Für eine wie mich, die ich als Studentin ärmer war als eine Kirchenmaus, war eine solche Einladung sehr willkommen. Ich knüpfte jedoch eine Forderung an meine Zusage: Ich käme mit einem eigenen Transparent.

Was stand darauf?

»Es lebe Aristoteles!«

Wacker, wacker.

Und aus dieser Einladung entwickelte sich mehr. Ich hatte Torschlusspanik, ich fürchtete keinen Mann mehr zu bekommen.

Wie alt waren Sie da?

24. Er hatte eine Wohnung, ich nur eine Studentenbude in der Holsteinstraße 5a in Reudnitz. Ich zog zu ihm. Was ich wusste: Er war bereits zwei Mal verheiratet. Was ich nicht wusste: Er war Spiegeltrinker, d. h. er brauchte jeden Tag sein Quantum Alkohol. Und er war gewalttätig. Als wir in Vitte auf Hiddensee heirateten, war ich mal wieder grün und blau geschlagen und konnte die Hämatone im Gesicht nicht verstecken. Meiner Mutter sagte ich, ich sei hingefallen, worauf sie

lakonisch antwortete. »Ja sicher. Du wirst morgen diesen Mann *nicht* heiraten!«

Selbst der Institutsdirektor hatte dringend vor dieser Ehe gewarnt. Ich tat's dennoch, es war September 1968. Am 16. Januar 1970 sollte die Scheidung sein.

Wussten Sie, dass er trank?
Nein, ich habe das nicht gewusst.

Aber das riecht man doch, wenn jemand eine Fahne hat.
Ich nicht. Er trank mal ein Bier, mal einen Wein, irgendwie war's unauffällig. Nur wenn er zuviel hatte oder zu wenig – so etwas merkte ich erst später – wurde er aggressiv und schlug. Das war für mich eine völlig neue Erfahrung. In unserer Familie hatte es das nicht gegeben, dass geschlagen wurde.

Naiv, unerfahren, Torschlusspanik, sagten Sie.
Ja, ich hatte vor Gerd schon einige Männer, aber das hielt nie lange: Die haben mich immer bald abserviert.

Sie waren ihnen zu anstrengend, zu extrovertiert?
Ich weiß es nicht, woran es lag. Als Oberassistent Gerd Schönfelder, der sieben Jahre älter war als ich, um meine Hand anhielt, griff ich sofort zu. Jetzt oder nie, sagte ich aus Angst, auch diesen Mann wieder zu verlieren.

Diesmal machten aber Sie Schluss, nicht der Mann?
Nach vier Monaten redeten wir kein Wort mehr miteinander, und ich zog aus.

Und wie kam es, dass er dann Ihre Diplomarbeit zerriss?
Es war im Frühsommer 1969, ich saß im Garten meiner Mutter in Dresden und hämmerte in meine Reiseschreibmaschine die Diplomarbeit über eine Geißler-Sinfonie, als er aufkreuzte. Er wollte mit mir reden, ich aber nicht mit ihm. Da kriegte er einen Tobsuchtsanfall, wahrscheinlich hatte er zuvor getrunken, nahm den Stapel der bereits geschriebenen Papiere, riss auch das Blatt aus der Maschine und zerfetzte alles. Das war die Arbeit von mehreren Monaten.

Gab es damals noch keine durchsichtigen Klebestreifen, dass man die Schnipsel hätte zusammenleimen können.
Nee, der hatte die Arbeit gleichsam atomisiert, die Papierfetzen waren zu winzig. Ich musste also in der Uni erklären: Tut mir leid, ich kann nicht zum Termin liefern. Und ich schlug auch ein anderes Thema vor, weil mich der Vorgang seelisch belastete.

Und das neue Thema lautete?
Eine vergessene Oper von Pjotr Tschaikowski, die Herz gerade an der Leipziger Oper inszenierte, wo ich nun arbeitete: »Die Jungfrau von Orléans«, 1881 erstmals in St. Petersburg aufgeführt.

Was wurde aus dem Ex?
Ach, eigentlich will ich nicht darüber reden. Nicht meinet-, sondern seinetwegen. Man kann Schönfelders Schicksal nicht anders als tragisch nennen. Er blieb am Institut, aus dem nach der Hochschulreform die Sek-

tion Kulturwissenschaft und Germanistik der Karl-Marx-Universität wurde, promovierte bei Walther Siegmund-Schultze mit einer Arbeit über die Peking-Oper, habilitierte sich 1972 bei den Philosophen in Halle, heiratete zum vierten Mal und zog weiter nach Dresden an die dortige Hochschule für Musik, wo er Professor wurde und 1980 sogar Rektor.

Und das, obwohl er trank?

Unverständlich, nicht wahr? – Nach vier Jahren wurde er sogar Intendant der Staatsoper Dresden.

Also auch Chef der Semperoper, die 1985 wieder eröffnet worden war.

Ja. Und das blieb er bis 1990, als man seine Akte fand und ihn in die Wüste schickte. Die regionalen Medien spielten ihm übel mit wie immer in solchen Fällen. Selbst die Schwedische Akademie feuerte ihn. Seine vierte Frau, eine Apothekerin, hat in dieser schweren Zeit zu ihm gehalten, das muss man ihr hoch anrechnen. Und auch ich habe bei ihm angerufen und gesagt, wenn er meine Aussage und Hilfe brauche, würde ich erklären, was auch die Wahrheit war: dass er sich als Dozent immer schützend vor uns Studenten gestellt habe. – Der und Stasi? Dazu war Gerd viel zu klug, als Denunziant taugte er wahrlich nicht. Er trank, war cholerisch und jähzornig und neigte zur Gewalt, wie ich selber schmerzlich erfuhr. Aber ein Stasi-Spitzel war er bestimmt nicht.

Nahm er Ihr Angebot an?

Ja, was aber nicht half. – Und der Zufall fügte es, dass wir uns bei der Stasiunterlagenbehörde trafen, als ich mit meinem Anwalt meine Akten studierte. Wie wir am Blättern waren, kam Gerd mit seinem Konvolut durch die Tür. Das war insofern ganz hilfreich, als wir uns gegenseitig bestimmte Zusammenhänge erklären konnten. Es gab aufgrund der Verbindung zu mir ganz schön Gerangel im Hintergrund, wovon er nichts mitbekommen hatte. Und ich schon gar nicht … Im Oktober 2000 ist er in Dresden tödlich verunglückt. Es hieß zwar, dass er betrunken gewesen sei, doch seine Witwe, mit der ich in Verbindung stand, sagte mir, dass er mit Absicht das Auto gegen die Mauer gefahren habe. Er überlebte zwar den Unfall, verstarb aber an einer Sepsis in der Klinik. Geschmäht, ausgegrenzt, vergessen, verarmt. Trotz allem, was ich mit ihm durchmachen musste: Gerd hatte solch ein Ende nicht verdient.

Zurück ins Jahr 1969, als Sie im Leipziger Opernhaus Staub zu wischen begannen.

Im Wortsinne. Der Intendant Herz wünschte, dass seine Assistenten sich in allen Bereichen des Hauses auskannten, in der Requisite ebenso wie bei den Beleuchtern. Als Assistentin verdiente ich 398 Mark netto, weshalb ich auf sehr kleinem Fuß leben musste, zumal ich in Scheidung lebte und allein für meinen Unterhalt sorgen musste.

An einem Abend – auf dem Programm stand »Arabella«, eine Oper von Hugo von Hoffmannsthal und

Richard Strauß –, schaute ich dem Inspizienten über die Schulter, um zu beobachten, wann und wie eingerufen wird und dergleichen.

Der Eiserne Vorhang war geschlossen. In wenigen Minuten sollte die Vorstellung beginnen. Das Bühnenlicht fiel schräg auf den Vorhang, es war ein besonders helles Licht, jedes schwebende Staubkörnchen war zu sehen. Und am Inspizientenpult auf der gegenüberliegenden Seite tauchte eine große Gestalt im Frack auf. In dem Moment, als ich diesen Mann sah, passierte etwas in mir. Irgendetwas. Reiner Zauber, Magie. Wenn es Gott in Menschengestalt gebe: Das war sie! Und dieses Gefühl war reine, tiefe Liebe, grenzen- und zeitlos, über den Tod hinausgehend, wie man so sagt. Dieser schöne Mensch mit den blitzenden Augen, der mir bis dahin fremd war, auch wenn ich wusste, dass er »der General« war, kam auf mich zu, und es brach aus mir heraus: »Sie haben mir gefehlt.«

Er blieb stehen. »Sie sind die Frau Herzfeld?«

»Ja.«

»Darf ich Sie heute zum Essen einladen? Warten Sie nach der Aufführung bitte in der Kantine.«

Ich saß nach dem letzten Vorhang in der Opernkantine und fieberte dem Treffen mit dem General entgegen, der, wie sich herumgesprochen hatte, vor Monaten geschieden worden war. Möglicherweise erklärte dies die ungewöhnliche Einladung. Jedenfalls hatte ich meine langen Haare hochgesteckt, Stiefel angezogen und mich geschminkt. Also aufgebrezelt, wie man so sagte.

Der »General«, die Lichtgestalt, lud zum Essen

Er kam und schlug vor, über die Straße hinüber ins Hotel »Deutschland« zu gehen. Ich arbeitete die ganze Speisekarte ab, was Reuter zu der Bemerkung veranlasste, er habe noch nie eine Frau so viel essen sehen.

Woher kannte er überhaupt Ihren Namen? Sie waren, mit Verlaub, eine von hunderten dienstbaren Geistern, die am Opernhaus tätig waren. In der Redaktion der Zeitung, in der ich seit Mitte 1974 arbeitete, waren etwa hundert Personen beschäftigt, und ich war bereits ein halbes Jahr dort, als ich zum ersten Mal vom Chefredakteur angesprochen wurde. Wir fuhren zufällig gemeinsam mit dem Fahrstuhl hoch, und er fragte: »Bist du der Schumann, der auch in der ›Weltbühne‹ schreibt?«

Karl Schütte war Reuters Klarinettenlehrer in Dresden gewesen. Mein Vater und Schütte – Soloklarinettist an der Sächsischen Staatskapelle Dresden von 1923 bis

1964 – waren eng befreundet. Dadurch wusste Reuter von unserer Familie.

Aber Sie hatten bis dahin noch nie ein Wort miteinander gewechselt?

Nein, ich hab ihn auch vorher noch nie gesehen, bis er mir gleichsam als Lichtgestalt auf der Bühne erschienen war. Aber er hatte mich schon mal gerochen, wie er mir später gestand.

Wie das?

Der Abendspielleiter überwachte in einer verglasten Loge hinter dem Publikum die Aufführung. Auch ich saß gelegentlich dort und schrieb die Manöverkritik, die dann anderentags an die Beteiligten weitergeleitet wurde. Von einer Freundin aus dem Westen hatte ich ein Parfüm geschickt bekommen: »Miss Dior«, das nach Maiglöckchen duftete.

Das hatte ich wie immer im Dienst aufgelegt, auch als ich dort in der Loge saß. Ich bemerkte nicht, dass Reuter eine zeitlang hinter mir saß und mich mit der Nase wahrnahm …

Nach dem Essen lud er mich zu einem Spaziergang durch den Clara-Zetkin-Park ein. Wir haben viel geredet. Er erzählte von seiner Scheidung und der Familie. Dass das Haus in Dresden nun weg sei und von anderen privaten Misshelligkeiten. Und ich erzählte von meiner laufenden Scheidung und dass ich jetzt zu meiner Freundin Juliane, die zur Kur sei, für ein paar Wochen ziehen würde.

Juliane war Oberin am Klinikum St. Georg. Sie hatte ein Telefon, und auch Reuter hatte ein Telefon … Wenn er aus der Vorstellung nach Hause kam und ich bei der abwesenden Juliane im Bett lag, telefonierten wir, manchmal bis morgens um vier. Zwischendurch schlief ich bisweilen ein, wurde dann wieder wach und redete weiter.

Dann kam November '69 und ein Eklat. Bei einer Orchesterprobe zoffte er sich mit einer Sängerin, die einen bestimmten Ton nicht traf. Und als diese sich nicht einsichtig zeigte, klappte Reuter die Partitur zu und ging.

Um Himmels willen, rief Regisseur Günter Lohse, und auch die umstehenden Bühnenbildner, die Kostümmeisterin und alle übrigen schrien: Das gibt Ärger, das grenze an Arbeitsverweigerung! Und alle Blicke richteten sich auf mich, denn inzwischen hatte man Kenntnis von dem zarten Verhältnis zwischen mir und dem General, der, verstand man die heftige Reaktion richtig, keineswegs unkündbar schien. »Holen Sie ihn zurück, Frau Herzfeld, reden Sie mit ihm!«

Ich vermute: Sie überzeugten ihn.

Ich ging eine Etage tiefer, klopfte an Reuters Tür und hielt eine ewig lange Suada. »Herr General, so geht das nicht!«

Ich habe geredet und geredet, und dieser große Mann stand vor mir, hörte sich das alles schweigend an, und als ich endete, küsste er mich.

Dann ging er nach oben und setzte die Probe fort.

Romantik sieht anders aus.

O, die kam noch. Wir schlenderten oft durch den Park und über den Weihnachtsmarkt. Nie wieder ist er mit mir auf dem Weihnachtsmarkt gewesen, 1969 schon.

Das war nicht seine Sache, merke ich. Was störte ihn?

Der ganze Zirkus war ihm zuwider. Und während ich mich mit Bratwurst, Glühwein, Zuckerwatte und gebrannten Mandeln vollstopfte, blieb er kopfschüttelnd die ganze Zeit an meiner Seite. Und dann landeten wir an einem Erzgebirgsstand, wo es ganz schlichte Nussknacker gab. ›Nussknacker sind familienbildend‹, sagte ich, ›wir sollten einen kaufen‹. Und er kaufte den Nussknacker – er ist der einzige, den ich besitze. Er steht dort oben auf dem Schrank.

Vorm Weihnachtsfest erklärte Herr Reuter, dass er mit seinem Sohn Thomas und ein paar Musikern über die Feiertage ins Erzgebirge fahren würde. ›Warum kommst du nicht mit mir nach Dresden‹, fragte ich ihn. ›Ja, warum eigentlich nicht‹, sagte er. So rollten wir mit seinem altersschwachen Skoda nach Dresden. Die Scheinwerferfassungen waren durchgerostet, weshalb die Gläser immer wieder rausfielen.

Und am 16. Januar, drei Wochen nach der Weihnachtsfeier, war Scheidungstermin …

Ja, Gerd Schönfelder und ich gingen es abgeklärt und professionell an. Der Termin war am Nachmittag. Ich habe vormittags noch gearbeitet, danach ging ich in meine Studentenbude und saß zwischen den gestapelten, zum Teil noch eingepackten Rokokomöbeln. Die stehen hier nebenan. Natürlich ausgepackt.

Wo hatten Sie diese Antiquitäten her?
Gekauft.

Wie viel Stipendium bekamen Sie?
140 Mark, davon waren 20 Mark Leistungsstipendium. Ich hatte immer fünf Mark einstecken, und in den Antiquitätenläden Leipzigs und Dresdens war ich Stammgast und bekannt wie ein bunter Hund. Wenn mir etwas gefiel, habe ich mit dem Fünfer eine Anzahlung geleistet. Ich rief dann meine Freundin an, die Oberin in St. Georg, und lieh mir das Geld bei ihr: ›Ich habe da eine Marcolini-Tasse aus Meißen für vierzig Mark gekauft, kannst du mir bitte fünfunddreißig leihen?‹ Das tat sie – und ich habe dann fünfmarkweise den Kredit bei ihr abgestottert.

In Dresden war's leichter, aber nicht billiger. Da waren die Antiquitätenhändler in der Regel Patienten meines Vaters oder meines Bruders, die waren großzügig und reservierten mir manches, wenn ich, wie immer, nicht liquide war. Im Laden von Karl Wahl in der Rehefelderstraße 6 entdeckte ich dieses Rokokozimmer, was mich sofort ansprang. ›Was soll das kosten, Herr Wahl‹, erkundigte ich mich, und er sagte viertausend Mark. Das haute mich um, eine Riesensumme. Aber ich hatte mich in die Möbel verliebt, ich musste sie haben. Ich borgte mir zweitausend bei einer Lehrerin, mit der ich seit der Konfirmation befreundet war. Und bei der Sprechstundenhilfe meines Bruders lieh ich mir die anderen zweitausend. Und die zählte ich dem Herrn Wahl auf den Tisch in kleinen Scheinen.

Woher hatte der Herr Wahl dieses komplette Zimmer? Das war ja alles echt und nicht nachgemacht, wie es heute üblich ist.
Keine Ahnung, er hat es mir nicht verraten, wusste es vielleicht selbst nicht. Vielleicht stammte es aus irgendeinem Schloss oder Gutshaus, das von den Russen oder von wem auch immer nach dem Krieg geplündert worden war.

Von den Russen bestimmt nicht. Der Krieg lag ein Vierteljahrhundert zurück, seitdem mussten die Möbel irgendwo gestanden haben, ehe sie in den Handel gebracht wurden. In einer Russenkaserne standen sie wohl kaum. Auf alle Fälle waren die Quellen von Antiquitäten oft dubios und dunkel. Und nun hockten Sie auf der rosenbestickten Liege in Ihrer Studentenbude.
Meine Vermieterin klopfte und sagte, dass ein Herr Reuter draußen bei minus 27 Grad vor der Tür stünde, ob sie ihn einlassen dürfe?

Der General kam mit einem blühenden Mandelbäumchen, das mit Papier ohne Ende umhüllt war, damit es nicht Schaden nehme. Woher er das hatte? Keine Ahnung. Die Quelle war gewiss so dunkel wie die meines Rokokozimmers. Er sagte, ich solle meine Koffer packen und zu ihm ziehen.

Warum dann noch das Mandelbäumchen?

Sehen Sie: Das ist Romantik. Die fragt nicht nach Logik und tieferer Bedeutung.

Wo stand Reuters Haus?

In der Philipp-Reis-Straße in Leutzsch, wo die uralten, schon von Carl Gustav Carus beschriebenen Eichen wuchsen. Ein wunderbares Haus, ein wundervolles

Hochzeit am 18. Juli 1970, dem Geburtstag der Ehefrau. Damit Reuter nie den Hochzeitstag vergessen sollte

Grundstück, aber total verrottet und verwildert, und dann fing ich an, den ganzen Müll zu entsorgen, was mir den Beifall der Anwohner eintrug, darunter des Schauspielers Erich Gerberding und seiner Frau. Sie freute augenscheinlich, dass das Anwesen endlich gesäubert wurde und von dem Ruch befreit wurde, der Schandfleck in dieser Straße zu sein.

Reuter hatte seiner Exfrau das gesamte Mobiliar überlassen, nur die Küche seiner Eltern hatte sie dagelassen. So zog ich denn mit meinem Rokokozeug ein, bestellte Maler und andere Handwerker. Das Bad war vielleicht zwanzig Quadratmeter groß, aber musste von grundauf saniert werden.

Und dann haben wir am 18. Juli 1970 geheiratet, an meinem Geburtstag. Damit er nie unseren Hochzeitstag vergessen könne, sagte ich.

Zeit seines Lebens hat er an diesem Tag nie eine Probe angesetzt, nie ein Konzert dirigiert.

Gab es Widerspruch, Einspruch, Unmutsbekundungen wegen der Hochzeit, wenige Monate nach der Scheidung?

Ja, von Dr. Karlheinz Liebner, Reuters Jugendfreund von der Dresdner Kreuzschule, inzwischen Psychiater in Halle. Auf den Hinweis vom General, die – womit ich gemeint war – habe sogar Homer gelesen, hatte der Freund geantwortet: »Das ist doch kein Grund, sie zu heiraten.«

Womit er natürlich recht hatte. Reuter wird andere Gründe gehabt haben.

Wie wird man Bürgerin der Schweizer Eidgenossenschaft?

Künstler konnten reisen. Aber immer ohne Frau. Mussten auch Sie daheimbleiben, wenn der General im Ausland dirigierte?

Nicht immer. Zum ersten Mal durfte ich ihn nach Avignon in Frankreich begleiten. Das war, glaube ich, Ende der siebziger Jahre. Ich saß da vorm Papstpalast und drinnen probte mein Mann mit Jessye Norman, der einzigen Sängerin, die bei den Wesendonck-Liedern ihn aufgefordert hatte: Langsamer, Maestro, langsamer! Alle anderen verlangten von ihm ein höheres Tempo, denn die Anweisung lautete: langsam und schmachtend, lento und addolorato. Norman habe ein unglaubliches Luftvolumen, wie Reuter wieder und wieder erstaunt berichtete.

Ich saß also in diesem Säulengang, der Mistral blies aus dem Norden, der Himmel war unendlich weit und blau und sah ganz anders aus als bei uns, es war einfach überwältigend schön, und ich sagte mir: Das erzählst du mal deinen Enkeln.

Ihre Töchter gingen noch nicht mal zur Schule, da dachten Sie schon an Enkel?

Es war ein Gefühl für die Ewigkeit. Also bis zu den Enkeln sollte es schon reichen.

Wir wohnten in einem hübschen kleinen Hotel, speisten aber meist an Straßenständen, weil die Devisen nicht so üppig waren – das Honorar lief über die Künstleragentur der DDR, und die tauschte nach meiner Erinnerung neunzig Prozent im Verhältnis eins zu eins in DDR-Mark, zehn Prozent zahlte sie in West. Zu jener Zeit aß Reuter noch Fleisch. Und als wir an so einer Frittenbude an irgendwelchen Fleischspießen nagten, kam Igor Markevitch die Straße herunter.

Markevitch stammte aus Kiew, lebte aber seit dem zweiten Lebensjahr in Frankreich und war ein international bekannter Dirigent und Komponist. Inzwischen ging er auf die Siebzig zu.

Er fiel Reuter um den Hals, als er ihn entdeckt hatte. Beide kannten sich schon eine Ewigkeit. »Besucht mich doch mal«, sagte Markevitch. »Von hier bis Cannes sind es lediglich drei Stunden mit der Bahn, immer an der Cote d'Azur lang, eine wunderbare Strecke. Ich wohne in Grasse, das liegt eine halbe Stunde nördlich von Cannes. Ich hole euch mit dem Auto ab.«

Sie folgten der Einladung?
Natürlich. Igor Markevitch erwartete uns mit dem Wagen vorm Bahnhof in Cannes, mit Fahrer natürlich, und fuhr mit uns die Serpentinen hinauf durch eine bunte Landschaft. Der Herbst färbte bereits das Laub. An einem Baum entdeckten wir rote Früchte, die wir nicht kannten, und Reuter fragte Freund Igor, was das für Früchte seien, und der sagte im Brustton der Überzeugung: Kirschen.

Das waren ganz bestimmt keine Kirschen, denn Kirschen reiften auch in Frankreich bereits im Frühsommer. Aber wir widersprachen auch nicht.

Vor seinem formidablen Haus erwartete uns ein livrierter Butler. Das war alles zuviel für mich als DDR-Bürgerin. Dieses Leben auf so großem Fuße! Igor hatte alles, was Superreiche in Frankreich so besaßen. Das hielt ich ihm nicht vor. Nein, ich meinte diese Entrücktheit, diese Weltferne. Natürlich, er war ein gebildeter, liebenswürdiger Mensch, mit klaren Überzeugungen. Er hatte während des Weltkrieges – da war er schon ein international bekannter Pianist – mit den italienischen Partisanen gegen die Faschisten gekämpft und dafür die italienische Staatsbürgerschaft erhalten. Aber der jetzige Künstler Igor war nicht mehr von dieser Welt: Er kannte, wie wir sahen, weder Kirschbäume noch das, was einfache, normale Menschen bewegte.

Reuter lud Markevitch in die DDR ein, er kam und dirigierte, meine ich, in Weimar. Zu seinen Schülern zählte auch Daniel Barenboim. Markevitch starb 71-jährig im Frühjahr 1983. In Antibes an der Cote d'Azur. Vermutlich auf seiner Yacht.

Die Markevitch-Episode hat aber noch eine Pointe.

Als ich hier in dieses Haus am Schlosspark einzog, sagte die Maklerin, dass im ehemaligen Gästehaus zwei Damen lebten, von denen mich die eine zu kennen meine. Sie heiße Markevitch.

Wir kamen gleich miteinander ins Gespräch. Wie sich herausstellte, war ihr Vater der Bruder von Igor Markevitch, sie war also dessen Nichte. Dimitry Markevitch, also ihr Vater, war ein berühmter Cellist und Wissenschaftler und 2002 in der Schweiz verstorben. Als sie hörte, dass mein Enkel Johann Cello spiele, bot sie ihm das Instrument ihres Vaters an. Es sei nie wieder seit seinem Tod gespielt worden. »Es ist ein gutes Cello.«

Johann spielt darauf traumhaft.

Das nenne ich Fügung. – Apropos Reisen: Haben Sie inzwischen Ihren Schweizer Pass? Wie war die Prüfung?

Ich war am 17. Mai um 14 Uhr in die Botschaft einbestellt. Ich habe mich natürlich schick gemacht und auch das Bundesverdienstkreuz angelegt. Als erstes musste ich 506 Euro bezahlen …

Entschuldigen Sie, dass ich Sie unterbreche: Der Kuchen ist wirklich lecker.

Das ist die Herzfeld-Reutersche Variante vom Frankfurter Kranz: mit einer Schicht Aprikosen oder Marmelade und einer Creme. Der Teig: ein Pfund Butter, ein Pfund Zucker, ein Pfund Mehl, zehn Eier, etwas Cognac, geriebene Zitrone …

Das hat doch so viele Kalorien wie ein halbes Schwein.

Naja, nicht ganz.

Das Abendbrot heute fällt jedenfalls aus. – Zurück zu Ihrem Besuch in der Schweizer Botschaft zum Test, auf den Sie sich so intensiv vorbereitet hatten: Wirtschaft, Geschichte, Politik und Geografie.

Genau. Das Wissen hatte ich mir hart erarbeitet und abrufbereit gespeichert, Tests am Computer zuhause gemacht und natürlich mit Bravour gemeistert. 18 von 20 Fragen richtig beantwortet. Ich war stolz auf mich.

In der Botschaft bekam ich Fragebögen gereicht, die enthielten aber ganz andere Fragen als erwartet.

Als erstes sollte ich auf einer Schweizer Landkarte mit den Umrissen der Kantone alle 26 benennen. Ich schüttelte den Kopf und sagte dem Prüfer, dass ich ihm zwar alle Kantone namentlich aufzählen könne. Aber wo die sich auf der Karte befänden, vermag ich nicht zu sagen. Ich hätte schon in der Schule immer Probleme mit Landkarten gehabt.

Dann sollte ich Plastiken, die abgebildet waren, und deren Schöpfer erkennen. Von moderner Kunst verstehe ich nun überhaupt nichts. Die eine Figur schien mit von Giacometti zu sein.

Klar, Schweizer.

Ich hielt ihn allerdings für einen Italiener und habe darum irgendeinen anderen Namen aufs Blatt geschrieben. Auf jeden Fall den falschen.

Dann kam so ein Wortquiz. Da habe ich mich gleich verweigert und notiert, dass ich das nicht wisse.

Schließlich sollte ich beantworten, welcher Kanton dreisprachig ist. Ich meinte Graubünden, weil dort Deutsch, Französisch und Rätoromanisch gesprochen wird. Aber war dieses Alpenromanisch eine Sprache? Ich hielt es für einen Dialekt. Also ließ ich diese Frage auch unbeantwortet.

So ging es denn weiter. Ich sollte drei Namen von Nationalräten nennen – das sind bei uns die Bundestagsabgeordneten – und von drei Schweizer Sportlern. Da fiel mir nur Roger Federer ein, der Tennisspieler.

Sodann kam noch der Komplex Geschichte rund um den Bundesfeiertag am 1. August, wobei bis heute nicht geklärt ist, wass denn nun eigentlich das Gründungsdokument der Schweiz ist. Einige Historiker meinen, es sei der 9. Dezember 1315, weil im Bundesbrief zwischen den Urkantonen Uri, Schwyz und Unterwalden zum ersten Mal der Begriff »Eidgenosse« auftauchte.

Man wollte von mir wissen, ob ich Niklaus von Flüe kenne. Ja, natürlich kannte ich »Bruder Klaus«, den Schutzpatron der Schweiz aus dem 14. Jahrhundert. Überall im Land würdigten Denkmale den einflussreichen Einsiedler und Politiker, in St. Gallen stand eine ihm gewidmete moderne Kirche, eine katholische Akademie war nach ihm benannt ... Ich konnte hier reichlich fabulieren, das hatte ich alles gelernt.

Auch beim Thema Schweizer Essen tobte ich mich aus. Die Liste der Gerichte und Spezialitäten war lang, die ich aufführen konnte.

Nach einer halben Stunde etwa hatte ich den Fragebogen so recht und schlecht ausgefüllt. Ich hatte kein gutes Gefühl, als ich ihn abgab.

Das war ja wie in der Schule!?
Genau so. Dann holte der Konsulatsbeamte noch einen weiteren Fragebogen hervor. Und ich begann mich des erfolgreichen Prinzips meiner Schul- und Studenten-

*Prüfung in der Schweizer Botschaft wie in Studententagen.
Claudia Herzfeld auf Hiddensee in den Ferien 1968*

tage zu erinnern: Ehe du gefragt wirst, frage selbst! Also erzählte ich erstens über mein grundsätzliches Verhältnis zur Schweiz, zweitens über meine Erlebnisse in der Schweiz und drittens über die Nachkriegszeit. Als ich endete, sagte er müde lächelnd, dass ich damit schon verschiedene seiner Fragen beantwortet habe. Dann sagte er einen Satz auf Französisch wohl in der Annahme, dass ich ihn nicht verstanden habe. Ich antwortete mit einer Anekdote meines Mannes in dieser Sprache, worauf er meinte, dass ich aber gut Französisch spreche, was augenscheinlich einen Hilfspunkt brachte.

Keine Fragen zur Politik?
Doch, am Ende. Welche Zeitung ich lese, wollte er wissen. Die *Neue Zürcher Zeitung* im Internet, antwortete ich wahrheitsgemäß, und dass ich mich aktuell amüsiere über die krampfige Debatte in der Schweiz, ob man nun ausländischen Atomstrom beziehen solle oder nicht. Und dann schwoll mir abschließend doch noch richtig der Kamm, weil ich meinte, in der Prüfung nichts mehr verlieren zu können. Ich halte es für einen zweifachen Skandal, dass Datenträger mit den Listen deutscher Steuerflüchtlinge gehandelt würden. Das sei illegal und dreckig von jenen, die die CD verkauften wie von jenen, die dafür bezahlten.
Damit war ich entlassen.

Ohne abschließendes Urteil? Ohne Mitteilung, ob Sie bestanden oder durchgefallen waren?
Das fragte ich mich auch. Aber da war ich bereits auf dem Heimweg. Also rief ich am nächsten Tag in der Botschaft an und erkundigte mich, ob ich bestanden habe.
»Ja natürlich. Sie haben fast sechzig Prozent der Fragen richtig beantwortet. Wir schicken jetzt Ihre Akte in die Schweiz«, sagte der Mann.
Und wann könne ich mit dem Pass rechnen, fragte ich weiter.
»Nun, etwa in einem Jahr.«
Aber ich hätte doch die erleichterte Staatsbürgerschaft beantragt, reagierte ich perplex. Worin bestünde da die Erleichterung. Ein Jahr Wartezeit!

»Normalerweise dauert diese bis zu zwölf Jahren.«
Da müsse ich ja richtig froh sein, wenn ich das Dokument schon nach zwölf Monaten bekäme, sagte ich und legte auf.

Glückwunsch. Und nun heißt es warten.
Ich hätte ja schon fast kapituliert bei der Beschaffung dieser irrsinnigen Dokumente, die beglaubigt werden mussten. Wir sprachen darüber bereits.

Und wenn Sie jetzt die Schweizer Staatsbürgerschaft bekommen, kriegen die Kinder und Enkel diese automatisch auch?
Das habe ich bis vor Kurzem geglaubt. Nein, auch sie müssten sich einer Prüfung unterziehen.

Also wenn ich etwas mit Bestimmtheit weiß, dann dieses: Ich werde nicht Schweizer Staatsbürger.

Flaggenparade und Reisen

Welche Fahne haben Ihre Eltern in Dresden in der Nazizeit aus dem Fenster gehängt? Auf dem Naziparteitag in Nürnberg 1935 waren bekanntlich drei Gesetze verabschiedet worden: das antisemitische Reichsbürgergesetz, das rassistische Blutschutzgesetz und das Reichsflaggengesetz. Die Hakenkreuzflagge wurde zur Reichs- und Nationalflagge erklärt. Das Hissen von Hausfahnen war zwar nicht vorgeschrieben, aber der Blockleiter sorgte dafür, dass geflaggt wurde. Wenn es unterblieb, wurde das als Akt demonstrativer Verweigerung gewertet. Das hatte Folgen. Also: Was taten die Herzfelds?

Die hängten immer die Schweizer Flagge raus.

Die war auch rot und hatte ein weißes Kreuz in der Mitte.

Naja, den Unterschied werden gewiss die lokalen Nazis auch bemerkt haben. Was daraus folgte, weiß ich nicht.

Und Sie?

Ich flaggte in Leipzig und in Berlin grünweiß.

Die Sachsenfarben.

Ja, das war aber auch die Fahne von Chemie Leipzig, dem Fußballverein aus Leutzsch. Der war 1963/64 mal DDR-Meister in der Fußballoberliga, und 1967 gewannen die Grünweißen sogar den FDGB-Pokal. Im Georg-Schwarz-Sportpark, dem Heimatstadion des Vereins, wurde damals auch der erste Stadionzaun Deutschlands vor den Tribünen errichtet …

Seit wann interessieren Sie sich für Fußball?
Nicht die Bohne. Das war natürlich ein Witz, überzeugte aber damals als Begründung. Unweit von unserem Haus befand sich nämlich das Stadion, und wenn die Zehntausenden Fans »Schemie, Schemie« brüllten, konnte man sich dem kaum entziehen.

Und die grünweiße Fahne hängten Sie auch in Berlin zum Fenster raus.
Und wurde prompt vom stellvertretenden Intendanten der Komischen Oper einbestellt. Er war wirklich ein sehr netter Herr und bat mich, das mal besser sein zu lassen. »Die Spalter-Flagge hänge ich nicht raus«, habe ich daraufhin gesagt.

Haben Sie wirklich »Spalter-Flagge« gesagt? Das war die Bezeichnung des Westens für die DDR-Fahne.
Ach, ich gefiel mir seit meinen Studententagen in der Rolle des *enfant terrible*, was auf DDR-Deutsch »Konterrevolutionärin« hieß.

Sie glaubten, an der Seite Ihres Mannes unangreifbar zu sein und sich so etwas leisten zu können?
Wenn Sie mich so direkt fragen: Ja.

Gab es weitere – sagen wir mal: Zwischen- und Vorfälle, bei denen Sie bewusst die Prominenz Ihres Mannes instrumentalisierten?
Ich würde lügen, sagte ich jetzt Nein.

Welche zum Beispiel?
Wir hatten in Biesenthal bei Berlin ein Wochenendhaus zur Miete, in der Nachbarschaft lebte Familie P., wunderbare Musiker mit zwei hochbegabten Mädchen. Eines Tages setzte sich der Mann bei einer Orchestertournee im Westen ab, was dazu führte, dass die zurückgebliebene Frau und die beiden Kinder überall rausflogen und geschnitten wurden, als hätten sie Aussatz. Reuter brachte Frau P. als Aushilfsmusikerin in seinem Orchester an der Komischen Oper unter, ich kümmerte mich ebenfalls um die Familie, wodurch eine Freundschaft wuchs. So wusste ich auch, was auf der Hand lag, dass Herr P. intensive Anstrengungen im Westen unternahm, um im Rahmen einer Familienzusammenführung Frau und Kinder in die Bundesrepublik zu holen. Er hatte ja nicht seiner Familie den Rücken gekehrt, sondern dem Staat, in dem er nicht mehr leben wollte. Doch bei den Behörden biss er mit seinem Ansinnen auf Granit. Mir schien, dass die DDR verhindern wollte, dass sein Beispiel Schule machte.

Ich wurde wieder einmal zum stellvertretenden Intendanten einbestellt, der mir nahelegt, mein Engagement für die Familie P. besser zu beenden. Ich solle diesen Hinweis ernst nehmen. Darauf ich: »Haben Sie mir das jetzt dienstlich gesagt oder privat geraten?«

Dienstlich, antwortete er und signalisierte damit, dass er mir diese Order in höherem Auftrag erteilt hatte, nicht aus eigenem Antrieb.

Ich schätzte diesen Mann außerordentlich, und das tue ich noch immer, aber da platzte mir die Hutschnur. Herrsche hier denn Sippenhaft, schrie ich. ›Was kann die Frau, was können die Kinder dafür, wenn der Mann und Vater im Westen bleibt? Wenn das so ist, dann will auch ich nicht mehr Bürger dieses Staates sein.‹

»Sie wollen ausreisen«, erkundigte er sich besorgt.

»Nein. Ich will nur nicht mehr Bürger eines Staates sein, der Menschen wie Frau P. und ihre Kinder schikaniert und drangsaliert und von mir verlangt, sie zu meiden. Ich verlange die Aberkennung meiner DDR-Staatsbürgerschaft.«

»Weiß das Ihr Mann?«

Reuter dirigierte aktuell irgendwo im Westen. »Nein, aber ich werde es ihm am Telefon sagen.«

Der stellvertretende Intendant hielt die Klappe, das Gespräch hatte nie stattgefunden, und wir kümmerten uns weiter um die Familie P. – Wie sie doch noch ausreisen konnten, erzähle ich Ihnen ein andermal.

Es hauten auf Konzert- oder Opernreisen damals sehr viele ab. Meinem von mir hochverehrten Lehrmeister Professor Joachim Herz brach es als Intendant der Komischen Oper 1981 das Genick, als bei einem Gastspiel gleich neun Musiker wegblieben. Dafür konnte Herz gar nichts, aber das war das Ende seiner Intendanz. Er wurde Chefregisseur in Dresden.

Die Musikszene im Westen war damals nicht ganz so extrem wie heute, wo es wesentlich mehr Musiker als Stellen in Orchestern gibt. Wie bei den Schauspielern existiert seit Jahren ein Überangebot. Damals war noch immer Platz für qualifizierte, gut ausgebildete Orchestermusiker aus der DDR. Und die verdienten natürlich weitaus mehr als dort, woher sie kamen.

Ich weiß nicht, ob ich jetzt zu hoch greife, wenn ich die nationale Idee, das nationale Zusammengehörigkeitsgefühl ins Gespräch bringe. Die Orchester im Westen wollten den Kollegen aus dem Osten helfen.

Ich bezweifle, dass das etwas mit der Nation zu tun hatte. Sie wollten wohl einfach nur helfen, und das war ein humanistischer, solidarischer Akt. Allerdings hält dieser Antrieb nie lange vor. Ich erinnere an 1990 ff. und an 2015 bei der Flüchtlingswelle aus Syrien …

Meine Tochter Sophia hatte sich nach der deutschen Vereinigung in Köln für eine Bratschen-Professur beworben, am Ende blieben in der Auswahl nur sie und ein Russe übrig. »Wir müssen eine gewisse Internationalität wahren«, sagte der Rektor und entschied sich gegen Sophia.

Sehen Sie: Das ›nationale Empfinden‹ hatte auch bei westdeutschen Musikern Grenzen.

Vor dreißig Jahren, wenn ich das Radio andrehte, konnte ich sofort sagen, welches Orchester spielte, die Dresdner, das Gewandhaus, die Berliner … Heute sind die Orchester alle besser als damals. Sie spielen besser, sie haben die besseren Instrumente. Aber sie haben ihre Individualität verloren.

Die Klangkörper haben doch ihre Tradition behalten, sie musizieren, wie sie es immer taten, meine ich.

Da täuschen Sie sich! Individualität und Tradition sind zwei verschiedene Sachen. Die Internationalität hat zugenommen sowohl bei den Musikern wie bei den Dirigenten. Ich höre keinen Unterschied mehr zwischen dem Gewandhaus in Leipzig und dem Chicago Symphony Orchestra. Die in Deutschland aus der feudalen Kleinstaaterei erwachsene Orchesterkultur, bestehend aus hunderten Klangkörpern, war einzigartig. Darum wurden wir in der ganzen Welt beneidet. Die ist nun Geschichte, ein unwiederbringlicher Verlust.

Das Gleiche bei der Oper. Selbstverständlich muss das Musiktheater immer auch der Gegenwart angepasst werden, man kann nicht mehr so spielen und interpretieren wie zur Entstehungszeit eines Werkes. Man muss das heutige Publikum einführen und es mitnehmen, dass es den Sinn versteht. Wenn ich heute ins Theater gehe, sehe ich meist Inszenierungen, die nur einen Zweck haben: dass sich der Regisseur »verwirklicht«. Diese Regisseure haben, selbst wenn sie einen großen Namen tragen, doch was an der Dattel. Regisseure haben Diener zu sein, sie gerieren sich aber heute oft als Zerstörer des Werkes, weil sie sich in ihrer Überheblichkeit besser als dessen Schöpfer dünken. Und egal, ob man nun »Die Entführung aus dem Serail« oder »Carmen« inszeniert: Es ist alles Sex and Crime. Es fließt rote

Brühe hektoliterweise, nackte Schaupieler hopsen über die Bühne und kopulieren bis zur Erschöpfung, und die jungen Leute, die sich das anschauen, klatschen begeistert: Na, die haben da schön rumgefickt, also das war Spitze …

Ich nenne das Betrug. Das ist blanker Betrug. Das sage ich nicht, weil ich noch einen Knicks vor Herrn Felsenstein gemacht habe und die Ehre hatte, von Joachim Herz ausgebildet worden zu sein, sondern ich sage es als Kulturträgerin. Es ist das Ende der Oper, wenn arrogante Laffen sich auf diese Weise an großer Kultur abarbeiten. Entsetzlich.

Herr vergib' ihnen, denn sie wissen nicht, was sie tun …

Ich vergebe ihnen nicht. Auch wenn wir Pfingsten haben und damit an die Ausgießung des Heiligen Geistes erinnert wird. – Aber wer weiß das noch? Sie kennen weder die Bibel noch die Apostelgeschichte.

Sie klopfen zu laut auf den Tisch, dass stört die Tonaufzeichnung.

'tschuldigung. Ich rede mich in Rage, weil das gar zu schlimm ist, wie das Weltkulturerbe im Wortsinne verspielt wird, und das sage ich als DDR-Bürgerin.

Die sich einst weigerte, die Spalterfahne aus dem Fenster zu hängen.

Mit dem Alter und den Erfahrungen verändert sich die Perspektive. Heute würde ich sie raushängen.

Nostalgie?
I wo. Der Unmut über die Entwicklung. Und im Wissen darum, dass vieles anders und schon besser funktioniert hat.

Ich war in den USA unterwegs, habe in New York die *Juilliard School* besucht, das *Curtis Institute of Music* in Philadelphia, das *New England Conservatory of Music* in Boston und andere musikalischen Ausbildungsstätten. Der Umgang der Professoren mit ihren Studenten erinnerte mich an Menuhin in der Schweiz: Sie verkehrten auf Augenhöhe miteinander. Und die Studenten lernten nicht nur ein Instrument, sondern zwei, und beschäftigten sich intensiv mit den Komponisten und ihrer Zeit. Sie kriegen eine fundierte Bildung. Mir schien, dass diese komplexe Ausbildung und die Atmosphäre aus dem alten Europa stammte. Von jüdischen Emigranten war der ganze Kulturkanon über den Großen Teich gebracht worden.

Ich habe keine Zweifel, wenngleich es eben nicht pars pro toto für das Bildungswesen der USA steht.
Wahrlich nicht, ich rede jetzt nur von elitären Ausbildungseinrichtungen für Musiker. – Ich habe große Orchester, kleine Orchester, Kammerorchester, Jazzorchester gesehn – was die alles an einem Institut hatten, hat mich umgehauen.

Auf der anderen Seite aber sah ich auch ein Problem, als ich einmal an einer Prüfung in einer Pianistenmeisterklasse in Ithaca im Bundesstaat New York teilnahm. Sie spielten alle perfekt, aber ahnungslos von jeder Art

*Konzert der Eleven der Akademie in der Deutschen Oper;
Claudia Reuter: erste Reihe, Zweite von rechts, 2017*

tradierter Stilistik. Als ich das Gleiche in Philadelphia erlebte, habe ich dem *Dean* – so heißen die Direktoren dort – gesagt, ich finde das großartig, was Sie hier ausgebildet haben. Aber keiner dieser hochmotivierten Studenten hätte eine Chance auf dem europäischen Markt – sie haben keine Ahnung von dem, was in Europa über mehrere Jahrhunderte in das Musikleben eingeflossen ist. »Wenn Sie etwas für Ihre besonders Begabten tun wollen, dann schicken Sie sie nach Europa. Sie sollen in Italien, England, Frankreich, Deutschland, Österreich in Konzerte, in Opern gehen, um zu zu erfahren, was dort als selbstverständliches Fundament gilt.«

Sie wollen also zwei Tendenzen in den USA gesehen haben. Auf der einen Seite ein traditionsbewusstes, komplexes Studium, was es so in Europa wohl nicht mehr gibt. Und auf der anderen Seite eine etwas sterile Ausbildung, die vergleichsweise ohne historische Erfahrung auskommt.

Kann man so sagen, ja.

Und wenn ich Sie richtig verstanden habe, findet bei den renommierten, tradierten Orchestern eine Internationalisierung statt, die einen vergleichbaren Effekt hervorruft wie der Windkanal in der Automobilindustrie: Die Fahrzeuge werden sich immer ähnlicher.

Auch da stimme ich Ihnen zu.

Was macht den Unterschied?

Der Klang der Streicher.

Wie ging der durch die Generationen?

Weil immer ein paar Alte da waren, die das Spezielle an die Jungen weitergaben, die es auch wissen wollten. Es sind nicht die Hochschulen, keinesfalls. Auf *einen* Platz in einem A-Orchester bewerben sich in der Regel 116 Hochschulabsolventen als Tuttisten. Selbst bei kleinen Orchestern gibt es annähernd so viele Bewerbungen. Die Jury testet, wählt aus. Es sind kaum potentielle Solisten darunter.

Und bei den Dirigenten ist es vermutlich ähnlich. Die werden zusammengeholt wie beim Fußball die großen Stars. Man kauft sich eine Mannschaft. Und der Trainer muss dann aus den Individualisten eine harmonische Mannschaft formen. Gelingt das nicht, trennt man sich vom Trainer – nicht vom Geschäftsmodell. Darum wird die durchschnittliche Verweildauer der Trainer bei einem Verein immer kürzer.

Wenn ständig neue Dirigenten über das Orchester rutschen, wird dessen Charakter verändert, es verliert sich zwangsläufig das Besondere des Klangkörpers, was in Jahrzehnten, mitunter in Jahrhunderten gereift ist. Nach meiner Überzeugung genügt das Gros der Dirigenten nicht, um hier Bleibendes zu bewahren und weiterzugeben. Es gibt Ausnahmen, die auch dadurch hervorstechen, weil die Masse nicht annähernd so gut ist wie sie.

Nehmen Sie den wirklich großartigen Mariss Jansons, mein Jahrgang. Geboren von einer jüdischen Mutter in einem Versteck in Riga, wo Vater und Bruder im Ghetto starben. Ausbildung am Leningrader Konservatorium, Meisterschüler bei Karajan. Er dirigierte in Oslo, in London, in München, in Amsterdam, in Wien. Als er mit 76 in St. Petersburg starb, titelte die *Süddeutsche Zeitung*: »Die Welt mit Klang umarmen: Der aufrichtigste, integerste, empathischste Dirigent der Welt ist tot.« Und das war er.

Er soll beim Dirigieren einen Herzinfarkt erlitten haben.

Ja, das war aber in Oslo Jahre zuvor. Er starb im Dezember 2019 im Kreis der Familie. Allerdings an einer Herzerkrankung, im Monat davor war ihm noch die Achillessehne gerissen.

Vor fünf Jahren habe ich auf Bitten einer Dame mir ein Konzert in der Komischen Oper angehört, was ich als Fehler bereute. Da dirigierte ein junger Mann Beethoven, da hätte man eigentlich Stinkbomben werfen müssen. Der hatte nicht einmal ansatzweise Ahnung von Beethoven, von der Zeit, in der die Fünfte entstanden war, und von der Rezeptionsgeschichte.

Das merkt man, wenn einer den Taktstock schwingt.
Genau das war es: Er *schwang* den Taktstock. Mehr nicht.

Und?
Ich bin aufgestanden und gegangen.

Gehen Sie häufiger vor dem letzten Ton?
Nein. Zu DDR-Zeiten habe ich gepfiffen und gebuht, bin aber nicht gegangen. Ein wenig Theaterskandal musste sein. Reuter hat mich dann immer zur Ordnung gerufen: das gezieme sich nicht für die Frau eines Dirigenten.
Aber Sie haben ein interessantes Thema mit der Frage nach Rolle und Qualität des Dirigenten angeschnitten. Es ist die Aufgabe des Dirigenten, selbst wenn er vorm winzigsten Orchester in der Provinz steht, die Seele und den historischen Kontext des Musikstücks zu erkennen und zu vermitteln. Es geht nicht darum, Töne vom Blatt zu spielen, sondern Geist, Geschichte, Mensch und Musik zusammenzuführen.

Diese Art von Musikverständnis entwickelt sich vermutlich nur im Kollektiv. Wir leben aber in einer Gesell-

schaft, wo – angeblich – das Indiduum und seine Interessen im Zentrum aller Aufmerksamkeit stehen. Ist das vielleicht der Grund, dass auch Dirigenten nicht zum Teamplayer taugen?

Da haben Sie vermutlich Recht. Wenn ein Dirigent nicht bereit oder auch unfähig ist, sich als Teil eines Ensembles zu verstehen und sich in gewisser Weise zurücknimmt, um das Orchester glänzen zu lassen, dann wird er nie ein großer Künstler. Ich sehe zu viele Dirigenten, die sich auf Kosten der Musiker profilieren. Ein Dirigent muss sich als *Primus inter pares* verstehen. Sonst wird er nie ein Großer.

Erscheinen manche Dirigenten nur deshalb so bedeutend, so verschroben und der Welt entrückt, weil sie die Medien so darstellen – ich sage nur Karajan. Oder sind sie es wirklich?

Ich will Ihnen mal was erzählen: Mein Mann und ich machten unsere Hochzeitsreise nach Wustrow auf dem Darß. Eine Bekannte hatte uns ein Zimmer mit Klappbett überlassen, dass wirklich seine Bezeichnung rechtfertigte: Immer wenn ich mich darauf legte, klappte es zusammen. Über den täglichen Kampf um die morgendliche Schrippe und die Versorgungssituation will ich mich nicht auslassen, das ist hier nicht Thema, sondern die Sandburg am Strand. Ich habe also, wie es Ostseeurlauber zu halten pflegen, eine Grube mit Sandwall für uns beide am Strand ausgehoben. Bereits am zweiten Tag sagte Reuter, ich solle mir eine zweite Sandburg schaufeln – er müsse jetzt *Otello* auswendig lernen. Die Verdi-Oper stand im Herbst auf dem Programm.

Ich grub mir also zwanzig Meter weiter eine neue Sandburg und ließ ihn in Ruhe. Unsere Hochzeitsreise sah nun also so aus: Nach dem Frühstück zogen wir an

Hochzeitsreise in Wustrow in zwei Sandburgen, 1970

den Strand, dann trennten sich unsere Wege. Herr Reuter hockte sich nackt im Yoga-Sitz in seine Burg und schlug die Partitur auf. Alle zwei Stunden ging er ans Wasser, machte sich die Badehose nass, um sie sich wieder auf den Kopf zu legen, dann ging der Blick erneut in die Noten. Gegen fünf erhob er sich, und wir machten uns gemeinsam auf Nahrungssuche. Anschließend suchten wir das Zeltkino an der Strandstraße auf, weil unser Zimmer zu klein und in den wenigen Restaurants kein Platz war. Das war unsere Hochzeitsreise.

Nicht unbedingt romantisch.
Dann kam die Otello-Premiere mit der wunderbaren, soeben dreißig gewordenen Anna Tomowa-Sintow, einer bulgarische Sopranistin, als Desdemona. Es sollte ihre letzte Premiere in Leipzig werden, 1972 wurde sie Emsemblemitglied an der Staatsoper in Berlin. Dort sollte Reuter viele Rollen mit ihr erarbeiten, später kooperierte Anna fast siebzehn Jahre mit Karajan. Sie war übrigens auch Nationalpreisträgerin der DDR.

Reuter hatte die Tomowa am Opernstudio Leipzig entdeckt und gefördert. Betrübt das, wenn andere – etwa Karajan – davon profitieren?
Überhaupt nicht. Kunst und Künstler gehören der Menschheit, nicht einzelnen Menschen.

Bleiben wir doch mal bei Karajan. Oder bei Leonard Bernstein, die – dank der Medien – vielleicht bekanntesten und wohl auch exaltiertesten Dirigenten.

Mit der mir eigenen jugendlichen Blödheit – doch, doch, schütteln Sie nicht den Kopf – fand ich damals »Lenny« Bernstein affig. Diese Gestik, dieses Mimik, dieses inszenierte Insichgekehrtsein. Schrecklich. Später habe ich mich für meine arrogante Aversion geschämt, nachdem ich mit ausgebildetem Gehör und reichlicher Erfahrung feststellte, was er für ein grandioser Künstler war. Bei Karajan ging es mir ähnlich. Man darf auch bei Dirigenten nicht nur die Oberfläche sehen, das Gewese und High Society und dieser ganze Schnulli – man muss hören!

Stirbt dieser Typus Dirigent aus? Stirbt auch die Oper als Genre?

Ja, wenn sich der Niedergang des Musiktheater weiter fortsetzt. Ich unterhalte mich gelegentlich mit dem wunderbaren Siegfried Matthus. (*Einer der namhaftesten Komponisten der DDR, 1990 Initiator der Kammeroper Schloss Rheinsberg. Matthus verstarb 2021 – d. Verl.*) Wir stimmen darin überein.

Das heißt auch er hört das Totenglöcklein läuten?

Ja. Aber kämpft dagegen an. Ich im Übrigen auch. Wir schreiben Briefe an Minister, appellieren an Multiplikatoren und Verantwortungsträger in Politik, Wirtschaft und Zivilgesellschaft, warnen, mahnen, kritisieren. Wenn etwa eine Untersuchung des Goethe-Instituts zu dem Ergebnis kommt, dass achtzig Prozent aller Schüler in Deutschland keinen Musikunterricht mehr haben, dann weiß man, wohin die Reise geht.

Aus den zwanzig Prozent aber rekrutiert sich der Nachwuchs für die Berufsmusiker, von denen, wie Sie selbst sagten, es ein Überangebot gibt.

Es geht doch nicht allein um den künstlerischen Nachwuchs, sondern um das künftige Publikum. Wenn die Heranwachsenden in der Schule weder Singen noch mit klassischer Musik bekannt gemacht werden, haben sie später weder Ahnung und Interesse noch Gehör. Wer von denen geht dann noch in Opern, Operette oder klassische Konzerte?

Als mein Jüngster seine Freundin aus dem Saarland einmal ins Schauspielhaus schleppte – sie war Mitte Zwanzig und zum ersten Mal überhaupt in einem Konzert –, wirkte sie hochgradig unsicher, wusste sich nicht einmal zu bewegen oder wie sie sich verhalten sollte, erzählte er, als die Beziehung zuende war.

Wegen des Konzert?

Nein, die Ost-West-Unterschiede waren zu gravierend.

Und dabei sollte doch gerade Kunst und Kultur die nationale Klammer sein und Gräben schließen statt sie zu vertiefen. Die gemeinsame Kultur verbindet doch.

Wahrscheinlich doch nicht. Ohne dass ich jetzt diese Erfahrung als prototypisch nehmen würde. Aber es spielt nun mal eine Rolle, wo und wie ein Mensch aufwächst, was ihn prägt, wie er die Welt, in die er hineingeht, wahrnimmt. Nur noch eine Geschichte, dann machen wir für heute Schluss. In den siebziger Jahren brachte mein Ältester mal seinen Freund aus dem Kindergarten mit. Auf dem Schreibtisch stand ein Gerät. Verwundert fragte der Knirps den anderen Knirps: Was ist das? Und der sagte, als handele es sich um das natürlichste Ding der Welt: Na, eine Schreibmaschine. ›Und was kann die‹, lautete die nächste Frage ...

Verstehe: In seiner Familie gab es so ein »Gerät« nicht.

Nun muss nicht in jedem Haushalt gleich ein Flügel oder eine Harfe stehen, um das Interesse für die Musik zu wecken. Aber Sie wissen, was ich meine.

O ja. Deshalb beklage ich ja auch die Entwicklung. Und diese amusisch aufwachsenden Kinder werden erwachsen, heiraten, setzten wieder Kinder in die Welt. Und was geben diese der nächsten Generation mit?

Kulturlosigkeit allenthalben

Was haben Sie am 3. Oktober 1990 gemacht?
Mein Mann hat am Tag ein Konzert in der Komischen Oper dirigiert, ich war dabei. Was auf dem Programm stand, weiß ich nicht mehr, wohl aber, dass er sagte: Es kommen nur die, die ich will.

Wünschte er ein handverlesenes Publikum.
Nur für die Feier anschließend bei uns im Hause.

Und wie viele wünschte er?
So um die sechzig. Das musste ich wissen, weil ich die doch alle bewirten sollte. Wegen der Menge.

Kein Catering?
Nee, ich kochte selbst. Bei solchen Größenordnungen machte ich immer Hühnerfrikassee mit Reis. Ich brauchte in diesem Falle vierzehn Vögel und acht Pfund Reis ... Am Ende waren dann 120 Gäste gekommen.

Das Essen reichte nicht?
Doch. Es war wie die biblische Speisung der Fünftausend. Alle wurden satt ...

Unter den Gästen soll auch Frau Ragwitz gewesen sein, die Ihren Mann mochte, und auch er schätzte sie, weil sie ihm geholfen hatte, wenn er beispielsweise ein neues Instrument für sein Orchester brauchte. Sie aber wurden von ihr weniger geschätzt, weil Sie, nach einem teuren Studium auf Staatskosten, nicht arbeiten gingen, sondern stattdessen Frikassee kochten.

So ungefähr.

Stand sie auf Ihres Mannes Gästeliste? Es verband Reuter ja nicht nur die Instrumentenbeschaffung mit der Familie Ragwitz. Prof. Erhard Ragwitz, der Mann, war auch Komponist – Rolf Reuter hatte Ragwitz' erste Sinfonie Anfang der achtziger Jahre mit der Staatskapelle Weimar uraufgeführt …

Ich glaube nicht, dass der Name Ragwitz auf der Gästeliste stand. Sie war ja auch nicht *zur* Feier, sondern vor dem Konzert zu mir gekommen. Sie stand jedenfalls völlig aufgelöst vor unserer Gartentür. Es war später Nachmittag, es dämmerte bereits. Sie hatte geläutet, und ich war zur Tür gegangen.

Aufgelöst?

Ja. Den Grund erzählte sie mir im Rokoko-Salon, da hatten wir Ruhe. Ich wollte sie erst nicht hereinbitten, weil ich unverändert Groll ihr gegenüber empfand, doch dann setzten sich Vernunft und Mitgefühl durch.

Der Mann war als Rektor der Hochschule für Musik »Hanns Eisler« gefeuert worden.

Genau das. – Erhard Ragwitz aus dem sächsischen Colditz war von meinem Schwiegervater Fritz Reuter entdeckt und zum Studium der Musikwissenschaften nach Leipzig geschickt worden. Als ich studierte, lehrte Ragwitz dort als Dozent. Seit den frühen siebziger Jahren war er als Professor an der »Eisler« tätig und seit 1986, also seit drei Jahren, deren Rektor. In Leipzig war Ragwitz mal für kurze Zeit Kandidat der SED-Bezirksleitung gewesen, nie hatte er sonst ein politisches Mandat gehabt. Das aber, wie ich nun unter den Tränen seiner Frau erfuhr, hatte genügt, um von einer »Ehrenkommission« der Hochschule geschlachtet zu werden. (*Der Antrag auf Entlassung sollte noch im November 1989 von der Berliner Senatsverwaltung für Wissenschaft und Forschung vollstreckt werden – d. Verl.*)

Natürlich war dies nirgendwo gesagt worden, doch das sah ein Blinder mit Krückstock, wie man zu sagen pflegt: Ausschlaggebend für den Rauswurf war natürlich seine Beziehung zu einer Abteilungsleiterin des SED-Zentralkomitees. Erhard und Ursula Ragwitz waren seit 1972 verheiratet.

Vielleicht hätte er sich scheiden lassen sollen – wie es seinerzeit die Nazis von meiner Mutter verlangt hatten?

Warum kam Sie nun ausgerechnet zu Ihnen?
Das genau habe ich Sie auch gefragt.

Und was hat sie geantwortet?
Etwas, was mich verblüffte. Sie habe meine politischen Positionen verurteilt, aber meine moralische Haltung geschätzt. Nicht nur respektiert, sondern geschätzt.

Suchte sie Beistand, Unterstützung, Hilfe? Biederte sie sich an?

Nein, nichts von alledem. Ich denke, sie wollte sich einfach nur aussprechen, ihre Seele entlasten. – Später habe ich Ursula Ragwitz wiederholt in der Kaufhalle getroffen, und da erfuhr ich etwas, was mich plötzlich sehr für sie einnahm: Sie gab Deutschunterricht für ausländische Kinder. Sie hatte, bevor sie nämlich Berufspolitikerin geworden war, als Lehrerin für Musik und Deutsch gearbeitet.

Ihr Mann hielt sich bei diesen zufälligen Begegnungen stets etwas abseits und rauchte. Er beteiligte sich nie am Gespräch. Vermutlich hat er es nie verwunden, wie er auf solch rüde Weise eiskalt abserviert worden war. Er soll dieser Tage verstorben sein. *(16. Dezember 2017 – d. Verl.)*

Sie hatten wiederholt mit der Abteilungsleiterin des Zentralkomitees Ragwitz zu tun?

Nicht nur einmal. Ich kann mich an einen Besuch bei meinem Mann in unserem Haus erinnern – sie wohnte damals nur ein paar Straßen weiter –, als wir aneinander gerieten und sie mich aufforderte, mich zu revidieren. Darauf habe ich gesagt: Eher fräße ich den Kit aus unserem Wohnzimmerfenster. Ich wurde dafür schwer von meinem Mann getadelt, als sie gegangen war. Ich wäre unzulässig aus meiner Rolle als Gastgeberin ausgestiegen … Für ihn war alles Theater.

Oder eine andere Begegnung in ihrem Büro im Haus des ZK, wo heute das Außenministerium drinnen sitzt.

Mein Mann sollte am Teatro Colón in Buenos Aires – das bedeutendste Opernhaus Lateinamerikas – dirigieren. Nicht zum ersten Mal, aber diesmal wollte ich unbedingt mit. Mit Kind und Kegel. Sophia war damals so zwölf, dreizehn Jahre alt, Agnes vier Jahre jünger.

Die Künstleragentur hob sofort die Hände vonwegen keine Devisen, aber der Hintergrund war natürlich die Furcht, dass wir alle vier dort bleiben könnten. Denn Familienangehörige galten gemeinhin als Pfand und mussten darum daheim bleiben.

Ehepaar Reuter mit den Töchtern Sophia (links) und Agnes. Kinder galten bei Reisekadern gemeinhin als Pfand; Urlaub in Ahrenshoop 1993

Was aber auch nicht funktionierte – siehe das Beispiel der Familie P. ...

Genau. Dessen war sich gewiss auch Ursula Ragwitz bewusst, weshalb sie zähneknirschend einwilligte. Augenscheinlich hatte sie uns schon abgeschrieben, denn nach diesem Gespräch passierte Folgendes: Gegen Mitternacht kreuzte Katjas Vater bei uns in Biesenthal auf, um seine Tochter abzuholen. Um Mitternacht!

Wer ist Katja, wer ihr Vater?

Katja besuchte die gleiche Schule wie meine Töchter. Sie waren befreundet, und gelegentlich schlief Katja bei uns auf dem Wochenendgrundstück. Ihr Vater arbeitete in der Zentralen Parteikontrollkommission, war dort wohl Abteilungsleiter. Er wollte nun mitten in der Nacht seine Tochter, die doch schlief, unserer Obhut gleichsam entreißen.

Einfach so? Unangekündigt und unvermittelt?

Genau das denke ich nicht. Vermutlich war ihm mitgeteilt worden, dass Reuters sich aus dem Staub machen wollten, und darum wäre es nicht gut, wenn seine Tochter noch in der Familie verkehrte.

Sie flogen also mit Ihren Kindern nach Südamerika.

Ja, allerdings nicht mit Reuter – der flog immer direkt mit West-Airlines. Wir mussten hinterher und auf Umwegen fliegen – mit Interflug und Aeroflot, um Devisen zu sparen. Es ging über Budapest, von dort nach Westafrika, von da über den Atlantik nach Rio de

Janeiro und weiter nach Buenos Aires. Zum ersten und einzigen Mal in meinem Leben in der Business Class. Es gab auf dem Transatlantikflug nur Krimsekt und Kaviar, denn es schienen nur Diplomaten in der Maschine zu sitzen, Alkoholfreies war Mangelware.

In Buenos Aires waren wir in einem kleinen, hübschen Hotel untergebracht. Meine Kinder und ich begleiteten Reuter täglich zur Probe.

Sie sind selbstverständlich in die DDR zurückgekehrt?

Was ich natürlich, mit einigem Triumph, der Frau Ragwitz als Erste mitgeteilt habe. Sie hatte es aber bereits über ihre Kanäle erfahren.

Womit Wiederholung nunmehr möglich wurde. – Ich will aber noch einmal auf diesen Frikassee-Abend am 3. Oktober 1990 zurückkommen. Wer hat davon gekostet?

Naja, Freunde und Bekannte von uns aus dem Osten und etliche Westprominente aus Wirtschaft und Finanzen. Und die Herren aus der Geschäftswelt unterhielten sich über zyklische Krisen des Kapitalismus und in welcher Phase man sich gerade befände und welchen Einfluss der Kollaps des Ostens darauf haben könnte. Ich lachte laut, als ich das hörte, worauf mich etliche fragende Gesichter anschauten. Ach, meine Herren, ich dachte bisher, dass das Gerede von den Krisen des Kapitalismus sozialistische Propaganda sei. Die scheint es also wirklich zu geben?! – Na selbstverständlich, erklärten mir die Wirtschaftskapitäne aus dem Westen, Ihr Marx hat das durchaus richtig analysiert.

Ich vermute mal, dass Sie nach dem Ende der DDR noch weitere Entdeckungen gemacht haben, die Ihre Sicht – ich formuliere vorsichtig – auf den Osten und auf den Westen relativiert haben.

Allerdings. Da war zum Beispiel Hildegard Schmidt aus dem Büro Kurt Hager, die sich sehr engagiert hatte, dass Sophia das Angebot von Yehudi Menuhin annehmen konnte. Sie lud mich damals zum Kaffee in die zweite Etage und wollte meine ehrliche Meinung über die DDR wissen. Ich nahm kein Blatt vor den Mund. Am Ende des Gesprächs bedankte sie sich für meine Offenheit und sagte einen Satz, der mich sehr verstörte: »Wir haben es wenigstens versucht.«

Was sie damit meinte, erschloss sich mir erst, nachdem hier der Kapitalismus richtig eingezogen war.

Was ist aus ihr geworden?

Ursula Ragwitz gab mir nach der »Wende« Schmidts Telefonnummer, um die ich sie gebeten hatte. Wir verabredeten uns, und auf meine neugierige Frage, warum sie eine Ausbildung als Altenpflegerin machte, sagte Hildegard Schmidt, das wäre so eine Art Buße.

Das hat mir sehr imponiert. Wir blieben in Verbindung, und ich lud Hildegard Schmidt zu meinen Akademie-Konzerten ein, zu denen sie immer mit einem kleinen Blumenstrauß kam – bis sie an Krebs starb.

Sie haben auch Ihre Stasi-Akten eingesehen. Haben die – im Schlechten wie im Guten – etwas in Ihrem Urteil über die Vergangenheit verändert?

Also Akteneinsicht hatte unser Anwalt beantragt, mit ihm zogen Reuter und ich zur BStU. Merkwürdigerweise waren die Namen nicht geschwärzt, wir erfuhren also, wer uns alles angeschwärzt hatte. Da war manch bittere Enttäuschung dabei.

Wie ein roter Faden zog sich die Unterstellung oder Vermutung durch die Berichte, dass Reuter sich absetzen *könnte*, dass wir alle abhauen *könnten*. Wir stellten also in den Augen einiger ein Sicherheitsrisiko dar.

Natürlich fand sich auch viel Müll. Der Schuldirektor von Sophia hatte zum Beispiel geschrieben, dass sie völlig unbegabt sei und nie eine ordentliche Musikerin werden würde.

Aber es gab eben auch andere Entdeckungen. Die eine führte mich zurück nach Leipzig, zu einem Professorenehepaar, das ich jahrelang verdächtigt hatte, der Stasi Informationen über Reuter und mich zu liefern. Mein Verdacht erwies sich als völlig unbegründet. Ich habe mich bei ihnen entschuldigt. Es waren andere gewesen, die ich nicht auf dem Schirm hatte.

Bei denen haben Sie sich nicht entschuldigt. Wer war es?

Nein, den Namen werde ich nicht verraten, ihn nehme ich mit ins Grab. Zu prominent. Nicht nur unserem Anwalt klappte der Kinnladen runter, als er diesen Namen las. Und mein Mann sagte auch: Das bleibt unter uns und in diesem Raum.

Es fanden sich Berichte von bis zu zwanzig inoffiziellen Mitarbeitern in den Reuter-Akten, sagten Sie.

Ja, meist waren es Künstlerkollegen aus dem Umfeld, wobei nicht jeder Bericht von IM kam. Manche Information war, wie der Anwalt sagte, »abgeschöpft« und einem IM zugeschrieben worden. Deshalb hantiere ich ungern mit Zahlen, das überlasse ich den Wichtigtuern, die inbesondere in den neunziger Jahren meinten, mit der Zahl der auf sie angesetzten IM ihre Bedeutung heben zu können. Womit ich nicht im Geringsten die dokumentierte Spitzelei bagatellisieren will. Sie war und bleibt widerlich. Aber wir sollten auch die Kirche im Dorf lassen. Zumal sich auch Berichte fanden, die sehr positiv waren, uns einen positiven Leumund ausstellten.

Wie haben Sie reagiert?
Ich habe die angerufen, von denen ich die Namen hatte. Etwa Ingelore, eine liebe Nachbarin in der Philipp-Reis-Straße. Sie war mit einem Bauunternehmer verheiratet. Ich habe in meinen Akten das und das über uns gefunden, sagte ich ihr, das klingt aber wie dein Mann. Hast du ihm das erzählt? Daraufhin stellte sie ihn zur Rede. Tatsächlich, er hatte für die Firma berichtet.
Oder da war dieser wunderbare Lehrer meine Tochter, ein großartiger Musiker und kluger Mensch, den ich in lockerer Runde immer mit »Meister« anredete. Ich habe ihn wirklich sehr verehrt. In der Akte fanden sich Berichte, die mit »Meister« gezeichnet waren. Ich habe ihn angerufen und erzählt: »Stellen Sie sich vor, in meiner Akten finden sich Berichte von einem IM ›Meister‹, der Gespräche aus dem Dirigentenzimmers meines Mannes wiedergegeben hat.«

»Unglaublich«, er darauf. »Lesen Sie doch bitte mal vor.« Ich tat es. Er darauf wieder: »Unglaublich.«

Andere haben dann seinen Namen öffentlich gemacht. Ich rief erneut an und stellte nur eine Frage: »Warum?«

»Darüber können Sie sich mit meinem Rechtsanwalt unterhalten, Frau Reuter«, antwortete er kühl.

Damit war er für mich gestorben.

Wann ging die Berichterei los?

In meiner Studentenzeit. Das waren drei Blätter, wo ich als »konterrevolutionäres Element« bezeichnet wurde. Was ich ja vielleicht auch war.

Am meisten verärgerte mich ein Fragenkatalog, in dem es darum ging, die Familie – um mit Johann Sebastian Bach zu sprechen – zu disturbieren. Hat der Reuter eine Geliebte, hat die Frau ein Verhältnis? Wie gehen sie mit Geld um? Wie sind ihre Verbindungen, wer sind ihre Freunde? Funktioniert die Ehe? Schlagen sie die Kinder? …

Unter allem stand der Name Paul Kienberg.

Das war der Leiter der Hauptabteilung XX des MfS, zuständig für Kultur, Kirche, Staatsapparat und Untergrund. Kurz vorm Ende wurde er noch zum Generalleutnant befördert. 2013 ist er verstorben.

Das ist doch pervers, dass man darüber nachdachte, wie man eine Familie zerstören könnte. Ich verstehe nicht die Logik, die dahinter steckte.

Vielleicht ging es gar nicht darum, die Familie Reuter zu zerstören, sondern darum, die Schwachstellen ausfindig zu machen, die dazu hätten führen können, dass die Flucht aus der DDR zu einer notwendigen Option wurde.

Das ist Stasi-Logik, der ich nicht folgen kann. Es gab den Generalmusikdirektor und Dirigenten Reuter, ein Kleinod, das man nicht verlieren wollte. Statt aber dieses Kleinod zu schützen und zu behüten, machte man ihm und der Familie das Leben schwer und fragte sich, wie man sie kaputtmacht. Das ist doch pervers?

Wir werden das vermutlich so wenig entschlüsseln können wie die Motive derjenigen, die über Sie und Ihren Mann berichteten. Oder haben Sie das aus der Lektüre erfahren?

Es war von jedem etwas dabei. Dummheit, Einfalt, kleinlicher Neid, Unverständnis. Deshalb fand sich dort auch soviel Schwachsinn und Kleinkariertes. Beeindruckt haben mich kleine Zettel, Rechenpapier, auf denen Sätze, Stichworte und dergleichen notiert waren, die aus Gesprächen bei uns zu Hause stammten.

Da wird einer darüber erzählt haben und ein anderer, der dabei stand oder saß, hat das notiert und der Akte beigefügt.

Kann sein. Es bleiben menschliche Miesigkeiten.

Haben Sie bemerkt, ob Sie bei Auslandsreisen observiert worden waren?

Wir haben es vermutet, aber nicht bemerkt. Einmal, bei der Rückreise aus Italien, hatte Reuter so ein ungutes Gefühl und sagte: Du gehst jetzt aufs Damenklo und schmeißt alle verbotenen Bücher weg.

Naja, vielleicht hatte er Sorge, dass diese bei der Einreise in Schönefeld entdeckt werden könnten. Reine Vorsicht.
Möglich.

Mal angenommen, Ihr Gefühl hat Sie nicht getrogen und Sie wurden im Ausland beobachtet: Das müssen nicht unbedingt Geheimdienstler aus der DDR gewesen sein. Auch die im Westen hatten welche. Und jeder Reisende aus dem Ostblock galt als potentieller Spion: Künstler, Journalisten, Sportler und andere »Exoten«. Der Kalte Krieg herrschte auf beiden Seiten …
Die Amis, die Franzosen, die Spanier, die Italiener, auch die westdeutschen Dienste berichteten möglicherweise über Sie. Das findet sich natürlich nicht bei der BStU. Haben Sie schon mal in Pullach beim BND nachgefragt?
Kann man das?

Na klar: Beantragen Sie Auskunft gemäß § 22 BNDG in Verbindung mit § 15 BVerSchG. Modrow hat's gemacht, wurde jahrelang auf die Nudel geschoben und klagte unlängst (28. Februar 2018 – d. Verl.) erfolgreich vorm Bundesverwaltungsgericht in Leipzig. Jetzt muss ihm Pullach regelmäßig alle ihn betreffenden Akten zustellen, die älter als dreißig Jahre sind. Denn für Archivgut beträgt die allgemeine Schutzfrist dreißig

Jahre. Also alles, was die Schlapphüte drüben bis 1988 über Sie zusammengetragen haben …

… sofern sie überhaupt was über Reuter und mich gesammelt haben … Ich kann mir das nicht vorstellen. Am wenigsten in Frankreich, wo ich mich unendlich frei gefühlt habe, freier als woanders und später nie wieder. Vielleicht bin ich zu naiv. Weißt du, Herr Schumann, den Franzosen traue ich so was einfach nicht zu. Mein Mann Rolf Reuter war siebzehnjährig in französische Kriegsgefangenschaft geraten und nach zweieinhalb Jahren geflohen. Daher sprach er auch so gut Französisch. Seine Geschichten über diese Zeit offenbarten, was die Franzosen für ein großartiges Volk sind. Selbst die einfachsten Leute liebten die Künstler … Die wer-

Der französische Komponist und Dirigent Gilbert Amy zu Besuch bei Reuters, 2006

den mit Sicherheit keinen Dirigenten aus der DDR observiert haben. Nein, ich wehre mich aus Prinzip gegen diesen Verdacht.

Nehmen Sie Gilbert Amy. Kurz vor seinem Tod reiste mein Mann nach Lyon, um dort diesen wunderbaren Mann dirigieren zu sehen und zu hören. Und als Reuter gestorben war, 2007, rief mich Amy an und sagte, er werde in der *Academie Francaise* in einer Rede Rolf Reuter explizit würdigen. Was für ein Geste, was für eine zutiefst menschliche Haltung. Hier, in Deutschland, schmähten sie Reuter – in Frankreich würdigten sie ihn als einen der großen Dirigenten Europas.

Ich folge Ihnen. Das ist die menschliche Seite. Doch ich rede von der staatlichen, von der politischen Ebene. Da unterschied und unterscheidet sich Frankreich nicht von den USA oder von der Bundesrepublik. Die DDR und ihre Abgesandten waren im Kalten Krieg objektiv Vertreter des Feindes ... Zwei Fragen in diesem Kontext. Die eine ist vielleicht albern, ich stelle sie trotzdem. Sie sprechen immer wieder davon, dass sie abgehört worden seien, dass Ihre Wohnung verwanzt war. Haben Sie jemals eine dieser Wanzen gesehen?

Nein. Wir haben – Jahre nach der »Wende« – eine Firma mit der Suche beauftragt, die damit geworben hatte, solche Gerätschaft aufzuspüren. Die fuhren mit einem Barkas vor, wir haben auch gleichsam gerochen, aus welchem Stall sie kamen. Egal. Sie haben nun also mit Westtechnik das ganze Haus, die Garage und das Auto intensiv durchsucht und nichts gefunden.

Sie waren dabei?
In jedem Raum war einer von uns.

Vielleicht hat es ja nie Wanzen gegeben?
In den Akten der Staatssicherheit, die mir vorliegen, sind nicht nur Fotokopien von Briefen und Kuverts, sondern auch Abhörberichte. Ob die nun übers Telefon oder über Wanzen zustandekamen, sieht man natürlich nicht. Vielleicht waren die Wanzen ja noch zu DDR-Zeiten entfernt worden. Die wurden doch üblicherweise in Steckdosen oder Lampen eingebaut, dort konnte man sie auch rasch wieder entfernen.

In der DDR war alles knapp, auch die Wanzen. Da konnte man nicht irgendwelche Raumkontrollanlagen, wie diese Dinger hießen, bei Reuters ewig deponieren, sie wurden vielleicht woanders dringend gebraucht ...
Aber unbeachtet dieser Sache, ich hatte ja zwei Fragen angekündigt. Die andere bezieht sich auf die Kriegsgefangenschaft Ihres Mannes. Wie kommt einer mit siebzehn Jahren in französische Gefangenschaft?
Mein Mann war als Gymnasiast in Borna in der Endphase des Krieges zur Ausbildung. Er hatte sich – wie so viele verführte Jugendliche in jener Zeit – entgegen dem Willen seines Vaters freiwillig zur Wehrmacht gemeldet. Die Amerikaner kassierten ihn auf ihrem Weg nach Leipzig ein und brachten Rolf zu einem der Lager auf den Rheinwiesen, jenen zwei Dutzend Kriegsgefangenenlagern unter freiem Himmel. Die Zahl der Toten ist bis heute nicht ermittelt – man geht von acht- bis vier-

zigtausend Opfern aus. Reuter hatte Glück, er wurde, bevor er auf den Rheinwiesen verhungerte oder an Krankheiten zugrunde ging, an die Franzosen übergeben. Die Franzosen brauchten Démineure, Minenräumer, die ihnen das gefährliche Zeug an der Küste entsorgten, was die Wehrmacht zurückgelassen hatte. Reuter kam nach La Rochelle, wo sich dieser riesige Bunkerkomplex für Uboote befand. Ich habe ihn später mit meinem Mann besucht und mit ihm die Stationen abgeklappert, wo er eingesetzt worden war. Reuter hat mal in einem Park in La Rochelle dirigiert.

Er hatte 1945 zum zweiten Mal Glück: Er musste nicht Minen entschärfen, sondern kam zu einem alten Bauern, dem er in seiner Wirtschaft helfen musste.

Mein Bruder war ein Jahr jünger als mein Mann und kam als Flakhelfer in englische Kriegsgefangenschaft, aus der er 1948 nach Dresden zurückkehrte. Er hatte es bei weitem nicht so schwer gehabt wie Rolf Reuter. Aber Gefangenschaft bleibt Gefangenschaft.

Zur Wahrheit gehört allerdings auch, dass zuvor die Deutschen ihre Nachbarvölker mit Krieg überzogen haben, gemordet, zerstört, geraubt und sich Arbeitssklaven besorgt haben, ehe die Amerikaner, Briten, Franzosen und Russen deutsche Kriegsgefangene zur Zwangsarbeit und Wiedergutmachung heranzogen.

Das ist unstreitig. Wie eben auch wahr ist, was oft verschwiegen wird, dass es in den unterworfenen Völkern auch viele Kollaborateure gab.

Was die Sache nicht besser und deutsche Schuld nicht kleiner macht. Ich rege mich auf, wenn die Trauer über die deutschen Opfer größer ist als die Trauer über die Opfer, die Deutsche verursacht haben. In deutschen Kriegsgefangenenlager starben etwa dreieinhalb Millionen Sowjetsoldaten – nächst den Juden war dies die zweitgrößte Opfergruppe des Zweiten Weltkrieges. Die sind dort vorsätzlich umgebracht worden: durch Hunger, durch Arbeit, durch Seuchen.

Aber Herr Schumann, mit wem reden Sie hier?

Ich richte doch nicht diesen Vorwurf an Ihre Adresse! Ich war unlängst in Mühlberg an der Elbe, in einem dieser berühmt-berüchtigten fünf Lagern der Sowjets. Sie haben eine Gedenkstätte dort eingerichtet. Das Lager war im August 1939 als Kriegsgefangenenlager installiert worden – noch bevor der erste Schuss gefallen war. Mühlberg war Kriegsgefangenenlager bis zum Ende des Krieges, da sind Soldaten unzähliger Völkerschaften durchmarschiert, die größte Gruppe dort waren natürlich die Russen. Danach war es ein Lager des NKWD. Dort findet man jetzt Gedenksteine, Kreuze, Tafeln ohne Ende, die auf die deutschen Opfer nach 1945 in »Stalins Lager« hinweisen – aber nicht ein einziger Stein erinnert an die weitaus größere Zahl toter Russen.

Das ist schlimm.

Über diese Art von Einseitigkeit rege ich mich auf.

Da gehe ich sofort mit. Darum freue ich mich immer über den Platzeck, dass der ab und zu mal daran erinnert.

Vielleicht wurde er ja auch deshalb im Deutsch-Russischen Forum abgeschossen wie schon 2015 Lothar de Maizière im Petersburger Dialog.
Was, den haben sie abgeschossen?

Nicht physisch, sondern politisch.
Wissen Sie, ich hatte im Februar 2011 ein unglaubliches Erlebnis als Akademie-Chefin.

Wir hatten in Rheinsberg einen mehrtägigen Kammermusik-Workshop. Da ging es auch um Schostakowitsch und seine 7. Sinfonie, die während der dreijährigen Belagerung Leningrads durch deutsche Truppen entstanden war. Etwa eine Million Menschen verhungerten in der Stadt, und Schostakowitsch war dort auch von einem deutschen Schrapnell am Kopf getroffen worden, worunter er bis zu seinem Tod 1975 litt.

Reuter bei der Ausbildung mit einem jungen Musiker

Prof. Michael Erxleben gab den siebzehn Teilnehmern eine umfassende Einführung, und die Cellistin – sie kam aus Israel – spielte danach unter Tränen. Sie kannte bis dahin nur die Noten, nicht den Hintergrund. Sie war ahnungslos. Wie das plötzlich aus diesem Menschlein herausbrach, wie sie das grandios in Musik umsetzte … Unglaublich.

Womit wir wieder beim Thema Geschichte und Weitergabe von Erfahrungen sind. – Ich habe jetzt gerade ein Manuskript lektoriert, in dem es um die Oktoberrevolution und die nachfolgenden Jahre bis 1922 geht. Da fand ich tatsächlich eine Stelle, dass Lenin 1921 beklagte, dass es doch alles nicht so gehe, wie er es sich gedacht hatte, und machte die Kulturlosigkeit – er benutzte tatsächlich den Begriff »Kulturlosigkeit« …
Ach.

Wirklich. Und er leitete daraus als eine zentrale Aufgabe einen Bildungsauftrag ab. Eine neue Gesellschaft könne nur durch gebildete, wissende, kulturvolle Menschen errichtet werden.
Herausgekommen ist die Erziehungsdiktatur. Wie eben vieles andere auch missverstanden wurde. Ein Irrglaube zu meinen, man müsse den Menschen die Weisheit in die Köpfe hämmern, und schon würden sie bessere Menschen werden.

Kultur ist ein ganz zentrale Frage auch der Gegenwart, nicht nur der Geschichte.

Ausnahmepolitiker Richard von Weizsäcker, Bundespräsident von 1984 bis 1994; hier mit Rolf Reuter und dem Intendanten der Komischen Oper Werner Rackwitz, 1986. Er war das erste (west-)deutsche Staatsoberhaupt, das den 8. Mai als Tag der Befreiung bezeichnete

Absolut, und deswegen beklage ich auch, dass unter den heutigen Politikern der Bundesrepublik kaum einer oder eine ist, der bzw. die diesen elementaren Faktor Kultur – ohne irgendeinen -ismus – als treibende, verbindende und bleibende Kraft begreift und sie auch nutzt, um Spannungen und Konflikte in der Welt abzubauen. Statt dessen erleben wir, wie die Kulturlosigkeit voranschreitet.

Über Verlustangst und Bedeutungsverlust

Sie hatten von der Familie P. berichtet, die nicht zusammenkam, weil die Behörden in der DDR die Frau mit den beiden Kindern nicht ausreisen ließ. Sie wollten darauf noch zu sprechen kommen.

Naja, ich hatte Ihnen bereits berichtet, dass ich Dr. Peter Dietschi, den Schweizer Botschafter zwischen 1982 und 1987, einbezogen hatte, und der wiederum hatte Rechtsanwalt Wolfgang Vogel involviert.

Eines Tages, nachdem ich Dietschi den Zettel zugesteckt hatte, rief mich Frau P. an und sagte – ich glaube, wir waren damals noch per Sie –: »Frau Reuter, ich hab die Ausreise!« Danach ging alles relativ schnell. Wie eben auch der Abschied: Ich brachte die drei mit ihren Koffern zum Bahnhof. Das war's.

Peter Dietschi und seine Frau – er war schon aus dem diplomatischen Dienst ausgeschieden – kamen 2017 nach Berlin und luden mich in ein Restaurant hinterm Schauspielhaus ein, wo wir mal eine denkwürdige Begegnung hatten, an der auch Rechtsanwalt Vogel teilgenommen hatte.

Wir sprachen über dieses und jenes, und Dietschi erinnerte sich an die Familie P., an deren Ausreise er maßgeblich beteiligt gewesen war. Ob sie wieder zurückgekommen seien, erkundigte er sich. Nein, sie lebten in Hannover, sagte ich, und die Kinder seien ganz wunderbare Musiker geworden.

Aber, und nun offenbare ich Ihnen, Herr Schumann, meine sentimentale Seite: Ich leide unablässig unter Verlusten – Angehörige, Freunde, Staaten, Beziehungen. Die Angst, Menschen oder etwas zu verlieren, was mir nahesteht, begleitet und bedrängt mich zeitlebens. Darum rührte es mich besonders, wenn das Gegenteil geschieht. Als der 87-jährige Dietschi mich 2017 in Berlin besuchte, überwältigte mich dessen Geste ungemein. Wer war ich denn, dass er sich meiner erinnerte? Eine unbedeutende Witwe in Berlin, die vor Jahrzehnten mit ihm, dem Schweizer Botschafter, zu tun gehabt hatte. Ich war eine von unendlich vielen Menschen, mit denen er von amtswegen verkehrt hatte, selbst wenn Sympathie zwischen uns existierte, die vielleicht über das übliche Maß hinausgegangen war. Und nun suchte mich der Ex-Diplomat als Privatier auf. Ich war ihm und seiner Frau für diesen Besuch unendlich dankbar.

Wie haben die beiden diese Begegnung wahrgenommen?
Das hat mich noch mehr angefasst. Sie hätten es bewundert, wie sehr ich mich für andere engagiert habe, sagten sie. Damals, in der DDR. Nicht nur die Familie P., was zutraf. Es waren ja nicht nur solch harmlose Aktionen darunter wie die mit Leonard Bernstein.

Was hatten Sie mit ihm zu schaffen?
Wir lebten damals noch in der Leipziger Straße und hatten Kontakt zu einer amerikanischen Journalistin.

Die rief uns eines Tages an und sagte, Bernstein – den sie offensichtlich persönlich sehr gut kannte – gastiere demnächst im Schauspielhaus. Er hasse aber Hotels und würde sich gern nach der Probe und vorm Konzert ein wenig hinlegen: »Können Sie ihn für ein paar Stunden aufnehmen? Es sind ja nur ein paar Schritte bis zu Ihnen.« Selbstverständlich, sagte ich, und rannte mit Westpiepen in den Intershop, um einen ordentlichen Cognac zu holen. Mein Mann trank ja nicht.

Bernstein hat zwischen 1984 und 1989 sieben Mal im Schauspielhaus dirigiert, das weiß man heute kaum noch. Ich vermute mal, dass es sich um seinen ersten Auftritt gehandelt haben muss. 1987, zur 750-Jahr-Feier Berlins, gab er gleich drei Konzerte am Stück mit dem Koninklijk Concertgebouworkest Amsterdam. Es wird erzählt, dass nur zwanzig Prozent der Karten in den freien Verkauf gelangt und die meisten in Betrieben verteilt worden waren.

Wogegen nichts einzuwenden war, denn so kamen auch Menschen in den Genuss großer Kunst, die sich nie freiwillig an der Theaterkasse angestellt hätten. Es existierte auch in der DDR die sogenannte Schwellenangst. Auf der anderen Seite hatte die Vergabepraxis für manchen ein Geschmäckle, weil unterstellt wurde, es würden – wegen des geringen Kontingents im freien Verkauf – damit bestimmte Konzertgänger bewusst ausgeschlossen werden.

Was natürlich Blödsinn ist, wie wir wissen. Die Zahl der Karten ist für jede Veranstaltung, ob Theater oder Kon-

zert, objektiv begrenzt. Heute regelt sich der Zugang über den Preis – im Großen Saal des nunmehr Konzerthaus genannten Schauspielhauses am Gendarmenmarkt zahlt man beispielsweise bei höherkarätigen Veranstaltungen wie dem Opus Klassik inzwischen in der Kategorie 4 über siebzig Euro für ein Ticket, in der Kategorie 1 bereits weit über zweihundert. Ein Durchschnittsverdiener kann sich das nicht leisten.

So ist es. Lenny bekam mit, dass das Interesse an Karten für seine Konzerte größer war als die Zahl der verkauften und verteilten Karten. Also entschied er, die Generalprobe öffentlich zu machen und durchzuspielen. Studenten, Rentner und andere Musikfreunde drängten sich in den Gängen und standen auch im Saal. Es war Wahnsinn. »Ich liebe dieses Haus, ich liebe diese Leute hier, und ich liebe dieses Publikum. Und ich komme wieder!«, erklärte er, und machte es auch wahr.

Den Dietschis scheint es ebenfalls in Berlin gefallen zu haben, wenn sie selbst im hohen Alter noch zu Besuch kamen?

Ihnen hat es in der DDR gefallen, ohne Einschränkung. Auch Potsdam mit Sanssouci und dem Neuen Palais gefielen ihnen sehr. Einmal fuhr Dietschi dorthin mit Dr. Friedrich Wilhelm von Preußen, den er aus Westberlin in seinem Diplomatenfahrzeug abgeholt hatte. Ich erinnere mich an eine einzigartige Begegnung in Sanssouci: Wir trafen auf eine Gruppe Jugendlicher, die den Hohenzollern erkannten und ganz fasziniert erklärten, im Grunde ihres Herzens seien sie Monarchisten, woraufhin Dr. Peter Dietschi ausrief: »Wir nicht!«

Und Dietschi schwärmte bei unserer Begegnung 2017 von den großartigen Konzerten in der Komische Oper. Das tat meiner Seele gut, wirklich sehr gut.

Besuchen Sie die Komische Oper noch?
Nein! Seit dem Eklat mit meinem Mann zehn Jahre zuvor habe ich nie wieder meinen Fuß über die Schwelle des Hauses gesetzt.

Wo stand damals die Schweizer Botschaft überhaupt?
Keine Ahnung. Ich war immer nur zu Konzerten und Empfängen in Dietschis Residenz, und die befand sich in der Kuckhoffstraße, die parallel zu unserer Straße verläuft.

Ihr Haus Am Iderfenngraben war nach Leipzig, wo Sie in der Philipp-Reis-Straße wohnten, das zweite Haus, das Sie mit Rolf Reuter und Ihren Kindern besaßen.
Ja, zwischendurch gab es ein kurzes Intermezzo in einer Neubauwohnung in der Leipziger Straße.

Welche Adresse war Ihnen die liebste?
Die zehn Jahre in Leipzig waren die glücklichsten in meinem Leben. Zum Haus gehörten ja noch etwa dreitausend Quadratmeter Garten mit alten Eichen, das war ein halber Park. In der Halle mit den bunten Fenstern gab es einen Kamin, der zwar nicht zog und das ganze Haus verräucherte, aber ich habe dort so oft wie möglich Feuer gemacht, weil es so romantisch war. Das Schlafzimmer war riesig und das Bad auch, über zwanzig

Quadratmeter, glaube ich. Das größte Zimmer belegte Reuter als sein Arbeitszimmer. Da standen der Flügel, Tische und Regale mit seinen Arbeitsunterlagen und die Bücher für den Unterricht mit seinen Studenten.

Er unterrichtete auch hier?
Ja natürlich. – Das Arbeitszimmer war durch einen großen Balkon mit dem Schlafzimmer verbunden, auf dem Reuter lernte, wenn es die Temperaturen erlaubten. Ich schaute ihm im Nachthemd beim Unterrichten gelegentlich vom Balkon zu, ohne dass er es merkte, und schlief dann mit der Musik ein.

Das heißt, Sie gingen früher zu Bett als Ihr Mann.
Ja, immer. Reuter war ein Nachtmensch. Er arbeitete bis tief in die Nacht.

Selbst am Tag des Umzugs nach Berlin arbeitete Rolf Reuter auf dem Balkon in Leipzig, 1981

Sie blieben in Leipzig, als er 1979 zum Generalmusikdirektor und Chefdirigenten der Weimarischen Staatskapelle berufen wurde?

Er war außerdem noch musikalischer Oberleiter des Deutschen Nationaltheaters. Und dann machten sie ihn auch noch zum Professor an der Hochschule für Musik »Franz Liszt« in Weimar.

Ja, ich blieb mit den Kindern in Leipzig, während Reuter im Hotel Elephant am Markt in Weimar logierte. Und da drängten dann wieder meine Verlustängste in den Vordergrund. Das Haus in Leipzig schien ohne Reuter ohne Zentrum, und ich fürchtete plötzlich, in diesem seelenlosen Kasten zu verrotten. Er kam ja nur noch besuchsweise aus Weimar herüber.

So kamen Sie auf die Idee, Altgriechisch zu lernen.

Woher wissen Sie? Haben wir darüber schon mal gesprochen?

Sie erwähnten mal Ihr Privatissimum.

Ja, ich warf mich auf die Gräzistik und kontaktierte Prof. Dr. phil. habil. Ilse Becher, Hochschuldozentin für Lateinische und Griechische Sprache an der Karl-Marx-Universität. Sie unterrichtete mich privat. Reuter glaubte, ich würde die Sprache nur deshalb erlernen, um seine Partituren zu lesen – seine Notizen am Rand machte er nämlich immer auf Altgriechisch. Nein, die interessierten mich nicht die Bohne, ich begann mit 39 etwas gänzlich Neues – Lernen gehörte für mich zu den Köstlichkeiten des Lebens. Frau Prof. Becher war eine unscheinbare Frau – aber sie brannte für das, was sie lehrte. Und da begegneten sich zwei Leidenschaften: ihr und mein Feuer, noch einmal lernen zu können.

Aber warum ausgerechnet Altgriechisch?

Das hing mit meinem Vater und dessen Neigung zusammen, Homer im Original bei Tisch zu zitieren. Und ich verstand – im Unterschied zu meinen Geschwistern – kein Wort, was er sagte.

War Ihre Lehrerin, diese Frau Prof. Becher, jemals in Griechenland?

Nein, nie. Sie war zwei Jahre älter als mein Mann und kam aus dem sächsischen Hohenstein-Ernstthal, ihr Vater war bei der Bahn, die Mutter Hausfrau, also einfache Leute. Sie selbst wurde nach dem Krieg Neulehrerin, wie das damals hieß, und boxte sich durch. In den fünfziger Jahren studierte sie in Leipzig Klassische Philologie und Alte Geschichte. Und danach lehrte sie an der *Alma mater lipsiensis*.

Als ich Reuter zum ersten Mal nach Griechenland begleitete – er dirigierte in Athen –, hatte ich noch den Spruch meines Vaters im Ohr: Kinder, wenn einer von euch nach Griechenland kommt, opfert den Göttern und weint für die Herzfelds, die nie dort gewesen sind. Im Flugzeug steckte ich mir eine kleine Flasche Wein ein und marschierte damit zum Zeus-Tempel, der sich unweit unseres Hotels befand, goss andächtig den Wein im Tempel aus und vergoss Tränen für die Herzfelds, die nie bis hierher gekommen waren.

In Delphi bei der Pythia

Nach meiner Rückkehr berichtete ich meiner Professorin von den Tempeln in Athen, die offen standen, denn die Götter brauchten keine Tore. Ich hatte viel freie Zeit gehabt, und an den Wochenenden, wenn mein Mann keine Proben hatte, waren wir ins Land gereist, besuchten Delphi und die Pythia, Kap Sounion an der Spitze Attikas und fuhren von Mykonos nach Delos, dem Geburtsort von Apollon.

Wir übernachteten in einem hübschen Hotel auf Mykonos und wollten am nächsten Tag zurückkehren, doch da lagen alle Schiffe fest vertäut im Hafen, denn es war Feiertag in Griechenland und niemand setzte zum Festland über. Reuter schickte mich vor, dass ich unsere Rückkehr organisierte, ich bot Geld und unverständliche Worte, ging von Boot zu Boot, bis ich einen fand, der auf mein Angebot einging ... Davon erzählte ich meiner Lehrerin, und ihre Augen leuchteten, denn sie kannte all diese Orte nur aus den Büchern.

Was ist aus ihr geworden, denn als Sie Anfang der achtziger Jahre nach Berlin zogen – Reuter war 1981 zum Generalmusikdirektor der Komischen Oper berufen worden – trennten sich Ihre Wege.

Nein, das stimmt nicht ganz. Ilse Becher erkrankte an Krebs und wurde Ende 1984 in den Ruhestand versetzt. Ich hatte den Eindruck, dass man sich in Leipzig nicht sonderlich um sie mühte. Ich war in Berlin inzwischen Patientin beim Chef der Gynäkologischen Onkologie an der Charité und bat ihn, in der Causa Becher aktiv zu werden. Das tat er. Ilse Becher ist dennoch am 22. September 1989, mit 65 Jahren, verstorben. Sie war eine wunderbare Frau und exzellente Lehrerin.

Sie sagten, dass Sie auf Reisen sehr viel Leerlauf hatten. Ihr Mann musste schließlich arbeiten.

Richtig. Aber auch sonst war er nicht sonderlich umtriebig. Er schickte mich immer in Museen, Schlösser, Ausstellungen und Sehenswürdigkeiten vor Ort.

Um sie loszuwerden?

Nee, ich sollte die Häuser stellvertretend für ihn besuchen und anschließend ihm darüber berichten. Es gab nur eine einzige Ausnahme, wo ich ihn bewegen konnte, mich zu begleiten. Das war in Poitiers südwestlich von Paris, wegen ihrer Unmenge an Kulturdenkmälern aus zweitausend Jahren die Stadt der Kunst und der Geschichte geheißen. Ich schleppte ihn mit in die Sainte Radegonde, weil sich dort das Grab von Radegundis befindet.

Wer war das?
Das fragte er mich auch. Und damit kriegte ich ihn: eine Thüringerin, sagte ich.

Wie kam die dorthin?
Als elfjährige Königstochter war sie nach der Schlacht an der Unstrut von Frankenkönig Chlothar I. verschleppt worden. Der hat sie dann geheiratet, sie floh irgendwann aus der blutrünstigen Verbindung, gründete in Poitiers ein Kloster, das sie zum bedeutendsten Frauenkloster des damaligen Frankreichs machte. Dort starb sie auch und wurde in der Grabkirche des Heilig-Kreuz-Klosters bestattet. Die wurde zur Sainte Radegonde.

Kennt die Heilige Radegunde überhaupt noch jemand?
Vorsicht: Allein in Frankreich sind etwa anderthalbhundert Kirchen nach ihr benannt, auch in anderen Staaten Europas sowie Afrika und Amerika gibt es welche. Selbst in Mühlburg – das ist eine der Drei Gleichen an der A4 in Thüringen – steht seit 1987 ein Gedenkstein für sie. Und an jedem Sonntag nach dem 13. August erfolgt dort ein ökumenischer Gottesdienst mit anschließender Prozession zur Radegundiskapelle im Ort.

Wegen des Mauerbaus?

Quatsch, am 13. August 587 ist sie gestorben. Das ist verbürgt.

Und Reuter folgte Ihnen damals zur Wallfahrtsstätte?
Ja. Es war das einzige Mal auf all unseren gemeinsamen Reisen.

Wussten Sie, bevor Sie die Koffer packten, was Sie vor Ort an Sehenswürdigkeiten erwartete?
Ja.

Es gab noch kein Internet, nix Google und Wikipedia.
Aber Bücher. Und ich habe mich immer vorbereitet. Es gab oft auch Bezüge zur Musik und zur Musikgeschichte. In Verdis »Don Carlos« – nach Schillers dramatischen Gedicht »Don Karlos, Infant von Spanien« – reiste Caterina de'Medici, die Frau des französischen Königs Heinrich II., mit ihrer Tochter Elisabeth von Paris nach Spanien, um sie mit dem dortigen König Philipp II. zu verheiraten. Und wo machten sie Station?

Ich vermute: in Poitiers.
Treffer.

Und nun begaben Sie sich dort auf Suche nicht nur nach Radegunde, sondern auch nach Katherina und Elisabeth?
So war es. Ich suchte das Schloss und fand es nicht. Ich fragte die Orchestermanagerin und erfuhr, dass es dieses gar nicht mehr gebe, nur noch Türme seien zu sehen. Aber die anderen weltlichen und sakralen Bau-

werke in der Altstadt habe ich alle abgeklappert. Wie auch in Athen. Da war ich tagelang zu Fuß unterwegs, ich habe mir die Stadt erlaufen, war mehrmals oben auf der Akropolis. Einmal überraschte mich dort oben ein schweres Gewitter. Ich war ganz allein, denn alle anderen Touristen waren vor dem Regen geflüchtet. Mutterseelenallein auf der Akropolis und den Wolken so nah …

Dort oben gibt es einen großen Platz, die Agora, der zentrale öffentliche Raum, auf dem sich die Griechen einst versammelten. Daneben war ein kleines Museum, in dem waren in Vitrinen kleine, runde Steine zu sehen, die beschrieben waren. οστρακισμος, sagte die Museumsleiterin, Ostrakismus, was soviel wie Scherbengericht bedeutet. Und ich bin ins Hotel geeilt zu Herrn Reuter und habe gesagt: Liebster, wir müssen umdenken. Die alten Griechen haben nicht nur auf Tonscherben die Namen jener eingekratzt, die sie aus der Stadt verbannten, also über die Missetäter das Scherbengericht hielten, sondern sie nahmen auch Steine, auf die sie das Urteil vermerkten.

Das hat dann auch dazu geführt, dass ich ein Jahr lang Vorlesungen über Aristoteles an der Humboldt-Uni besuchte. Unlängst fand ich beim Aufräumen die Mitschriften, las sie, und mich durchströmte unendliche Dankbarkeit: Du weißt jetzt, wer du bist.

Erleuchtung?
Quatsch, ich hasse esoterischen Quark.

Selbstfindung?
Modewort, das lehne ich ab. Außerdem habe ich keine Zeit, nach mir zu suchen … Ich kann's nicht beschreiben. Irgendetwas war in mir angelegt, und erst durch Erkenntnis wurde es mir bewusst.

Die unbewussten Prägungen in Kindheit und Jugend? Das Erbe der Vorfahren, die Hypotheken vergangener Generationen?
Ja, so etwas. Was hat dich so gemacht, wie du bist? Und wenn man es herausbekommen hat, stellt sich eine beruhigende Zufriedenheit ein. Zumindest ich empfand das so.

Sie reflektieren alles sehr bewusst. Schon immer?
Meistens

Haben Sie mal darüber mit Ihrem Mann gesprochen?
Ja, der war begeistert. Er war doch ein Intellektueller, ein wenig verschroben zwar, aber ein kluger Kopf. Wie mein Vater. Sie waren sich sehr ähnlich.

Er legte, wenn ich das richtig verstanden habe, darauf großen Wert, dass Sie alles Irdische von ihm fernhielten. Er hat Ihnen sogar gesagt: »Schön bist du nicht, aber du bist eine femme inspiratrice, eine inspirierende Frau.«
Dass ich nicht schön war, wusste ich schon vorher. Natürlich hatten wir eine komplizierte Ehe, unter dem Verzicht von Normalität habe ich mitunter sehr gelitten, aber Reuter hat mich immer gefördert, unterstützt,

wenn ich meinen Horizont erweitern, zu höherer Einsicht gelangen wollte. Bildung hat mich ein Leben lang nach oben gezogen. Aristoteles hat mir bewusst gemacht: Ich bin wie ich bin. Das komprimierte Selbst, würde C. G. Jung sagen.

Wer ist das nun wieder?
Carl Gustav Jung, ein Schweizer Psychiater, der die analytische Psychologie begründete.

Wieder eine Wissenslücke. – Ist man als Frau beleidigt, wenn der Mann einem sagt: Eine Schönheit bist du zwar nicht, aber du inspirierst mich?
Nein, im Gegenteil: Ich fühlte mich geadelt, im guten Sinne erkannt. Das war doch eine Liebeserklärung sondergleichen. Schönheit vergeht. Und mir war doch bewusst, dass ich – im Unterschied zu Reuter und zu meinen Kindern – künstlerisch nicht wirklich begabt war und bin. Ich bin ein Willenskonstrukt, verfolge eine Aufgabe mit Konsequenz, bringe Dinge zu Ende.

Bitte halten Sie mich jetzt nicht für vermessen: Ich habe die Gabe, aus einer bestimmten, nicht intellektuell gesteuerten Erkenntnis oder Idee Realität werden zu lassen. Das hat der Reuter sehr geliebt an mir. Der freie Fall nach seinem Tod war deshalb besonders tief, weil mir diese Gabe zumindest temporär verloren gegangen war.

Der Umgang mit Menschen hat sich mit den Jahren verändert. Nicht äußerlich. Reuter hat das gemerkt und mich dafür getadelt.

Wollen Sie damit sagen, dass Sie im Alter härter geworden sind, uneinsichtiger, unnachgiebiger?
Ja.

Normalerweise wird man doch im Alter milde.
Es funktioniert bei mir nicht. Ich bin härter geworden. Ich mache mir nichts vor: ein gewisser kindlicher Impetus, den der Reuter geliebt hat, ist weg, ich bin unversöhnlich gegenüber allem und allen, meine Toleranz ist aufgebraucht, die Nachsicht sehr begrenzt.

Das Naivität schwindet, je mehr man weiß, also älter wird, das ist doch normal.
Natürlich. Deshalb meine ich mich zwingen zu müssen, dem Drang nicht nachzugeben, etwas Böses zu tun, da muss ich mich an die Kandare nehmen. Gott sei Dank oder leider bin ich völlig bedeutungslos, das heißt es interessiert keine Sau, ob die Reuter ihre Bude aus Protest zerlegt oder Regenwürmer züchtet.

Dieses Schicksal teilen sie mit achtzig Millionen Menschen in diesem Land. Aber ich verstehe: Sie sind als Theatermensch ein wenig extrovertiert, brauchen Publikum, Beifall und Anerkennung, Reibung auf jeden Fall.
Herr Schumann, du hast mich durchschaut.

Ich weiß, es ist eine beleidigende Frage, ich stelle sie dennoch: Hat der Bedeutungsverlust Sie verbittert?
Herzilein, das beleidigt mich doch nicht, weil es die Wahrheit ist. Ich war sechzehn, als mein Vater starb. Bis

dahin verkehrte bei den Herzfelds, was in Dresden Rang und Namen hatte. Mary Wigman war meine Patentante und Hans Körnig hat mich gemalt. Die blieben auf einen Schlag alle aus. Meine Mutter traf dies sehr, aber sie behielt ihre Würde und verlor darüber kein Wort. Das hatte Größe.

Daran orientierte ich mich, als es mir nach dem Tod meines Mannes ebenso erging.

Der Doorman am Hotel unweit des Schauspielhauses erkannte mich nach Jahren, als ich mit Dietschis dort war, und erkundigte sich freundlich nach meinem Wohlbefinden: »Frau Reuter, schön Sie mal wieder zu sehen.«

Ich würde lügen, hätte mich diese persönliche Anrede nicht erfreut: Er jedenfalls hatte mich nicht vergessen.

Reuter als Vegetarier

Sie haben auf den Reisen nie fotografiert?
Nicht mit der Kamera, nur mit den Augen.

Warum nicht? Weil Sie wussten, dass Sie privilegiert waren und dieses Privileg nach der Rückkehr bei Dia-Vorführungen anderen, die nicht dorthin kamen, wo Sie gewesen sind, nicht auch noch bewusst zu machen?
Nein, das war es wohl nicht. Die Kamera hält nur den Augenblick fest. Der fotografische Blick, meine Erinnerung, ist komplexer. Er speichert Gerüche, Empfindungen, Eindrücke, Gefühle. Und manche Momente reichen dann auch für die Ewigkeit.

Soll auch heißen: Das will ich, das brauche ich nie wieder zu sehen, was ich gesehen habe?
So ungefähr. Außerdem erlebte und sah ich alles mit Ost-Augen.

Und das meint?
Das Gefühl: Hier komme ich nie, nie wieder hin. Das verstärkte den Eindruck von Einmaligkeit.

Ah, verstehe. Das kenne ich. In den achtziger Jahren war ich mal mit einer Reisegruppe der FDJ in den USA unterwegs. Wir fuhren mit einem Bus aus New York zum Green Lake Bible Camp. Das betrieb die lutherische Pfarrgemeinde in der 100. Straße von Manhattan, deren Gäste wir waren. Plötzlich begann die junge Frau neben mir, eine LPG-Bäuerin aus dem Bezirk Neubrandenburg, schrecklich an zu heulen. Ich fragte sie, was der Grund für ihre Trauer sei. Ach, sagte sie, das ist alles so schrecklich schön, und ich weiß, ich komme nie wieder hierher. – Heute weiß man: Man kann jederzeit wieder an jeden Ort zurückkehren, wenn man es denn wollte. Natürlich wird man es nicht, und das aus vielerlei Gründen. Aber die Gewissheit, dass es möglich ist, beruhigt.

Reuter dirigierte in Koblenz, ich durfte ihm mit der Bahn nachreisen. Dann standen wir am Rhein. Rolf, sagte ich, lass uns nur eine Station mit dem Dampfer fahren. Ich möchte einmal meinen Enkeln erzählen können, dass ich auf dem deutschesten aller Flüsse mit dem Schiff unterwegs gewesen bin. Einmal an der Loreley vorbei … Ich sehe das nie wieder und du vielleicht auch nicht.

Und damals gab es diese Enkel noch gar nicht, denen Sie davon berichten wollten.

Eben. Solche einzigartigen Momente graben sich für immer in der Erinnerung ein. Da brauche ich keine Wiederholung. Und als Foto bleibt sie eindimensional.

Schwingt dabei möglicherweise auch die Furcht oder die Enttäuschung mit, dass es beim nächsten Mal nicht mehr so sein könnte wie bei der Premiere, wie es in der Erinnerung abgespeichert ist? Das sich nicht die gleichen Emp-

findungen einstellen wie damals? Das alles profaner, kleiner, vielleicht gar schäbig wirken könnte?

Da ist was Wahres dran. Hinzu kommt noch, wenn es Orte sind, die ich mit meinem Mann aufgesucht habe, da funktionierte es heute ohnehin nicht mehr. Insofern sind die »Bilder« an seiner Seite immer in einer Ausnahmesituation entstanden. Die ist nicht reproduzierbar, seit er nicht mehr da ist.

Nun war er oft zwar am gleichen Ort wie Sie, aber nicht immer an Ihrer Seite.

Das stimmt. Und dennoch. Ich erinnere mich, dass er in Paris an der *Opéra Garnier* Wagner dirigierte, und ich hatte die Erlaubnis, ihn zehn Tage lang zu begleiten. Und ich saß da im »Café de la Paix« am Place de l'Opéra und sagte mir: Was hast du doch für ein unverschämtes Glück, hier zu sitzen! Ein Privileg, das sechzehn Millionen DDR-Bürger nicht haben …

… und das Sie gewiss mit Ihnen gern geteilt hätten, vermute ich.

Natürlich, ich bin doch kein Egoist … Ich trank also meinen Kaffee, und eine Blumenverkäuferin wie die Eliza Doolittle aus »My Fair Lady« läuft mit einem Körbchen voller Veilchchen vorbei.

Ich konnte nicht anders als ein Sträußchen zu kaufen, damit zu Reuter auf die Probe von »Rheingold« zu laufen und sie ihm mit dem Satz zu überreichen: »Die Welt ist schön!«

Ist sie doch auch.
Solche Glücksmomente sind nicht wiederholbar. Oder: Ich ging durchs Lafayette am Boulevard Haussmann und sah in der Stoffabteilung Moire-Taft.

Was ist das denn?
Ein Stoff, der so schillert. Ich kannte ihn auch nur aus den Erzählungen meiner Mutter, denn in der DDR gab es dergleichen nicht zu kaufen. Weil ich mir zu jeder Reuter-Premiere in der Komischen Oper ein neues Abendkleid schneidern ließ – Sie schauen skeptisch: Ja, man ging zu DDR-Zeiten mit Abendkleid in die Oper –, schlug ich beim Moire-Taft zu. Mein Schneider, Herr Reeder, sollte mir daraus ein Reitkostüm in Schwarzweiß nähen. Aber dann sagte ich mir kühn: Claudia, zu diesem Kostüm brauchst du auch einen Hut …

Und ein Pferd.
Na klar, natürlich …
Ich kehrte also in die *Galeries Lafayette Haussmann* zurück und kaufte mir nach unendlich intensiver Suche ein Schiffchen aus schwarzem Samt mit einem Halbschleier. Da hatte ich aber ein Problem, was mir erst später bewusst wurde. Wieder daheim rief ich die Kostümbildnerin der Staatsoper an. »Frau Stromberg, wie raucht die elegante Dame, wenn sie einen Hut mit einem Halbschleier trägt?« – Sie kam zur Premiere in meine Loge in der Komischen Oper und zeigte es mir. Mit einer speziellen Nadel wurde der Schleier einfach am Hut festgesteckt.

Fleischlos in der DDR: eine große Herausforderung

Wenn Sie sonst keine Probleme hatten.

Hatte ich. Reuter sah mich damit zum ersten Mal auf der Premierenfeier. »Was hast du denn da auf dem Kopp? Das sieht ja furchtbar aus.« Er blamierte mich mit dieser Bemerkung vor der ganzen Gesellschaft. Aber ich habe trotzig und selbstbewusst den Hut aufbehalten, nicht nur geraucht, sondern auch was gegessen. Mit dem elegant hochgesteckten Schleier.

Ich will noch einmal explizit auf die Unwiederholbarkeit von bestimmten Vorgängen zurückkommen.

Da gibt es zum Beispiel so einen Moment im Sommerurlaub 1988 in Zinnowitz an der Ostsee. Reuter liebte die Berge, und ich liebte die See. Die Kinder waren fünf und neun Jahre alt. Ich hatte mir gerade die große Zehe abgefahren.

Wie bitte?

Ja, mit dem Rasenmäher. Ich spare mir jetzt die Details, nur soviel: Der Zeh wurde mir wieder angenäht, ich humpelte monatelang mit Klumpfuß … Also der Gips war inzwischen ab, als wir auf die Insel Usedom fuhren. Aus Freude darüber habe ich mit den Kindern am ersten Tag ein Picknick am Strand gemacht. Es regnete zwar, aber ich war so glücklich, ohne Gips durch den Sand laufen zu können, selbst wenn er nass war. Reuter, obwohl er nicht mit zum Strand kam, hielt mir diese Barbarei, die ich den Kindern damit angetan hätte, ewig vor. Bei diesem Unwetter! Gelegentlich behauptete er sogar, es habe geschneit.

Ich bin nach seinem Tod nie wieder wohin gefahren, wo ich mit ihm war. Bine – Sabine Wendland aus Marbach, mit der ich länger als ein halbes Jahrhundert befreundet bin – hat mich jetzt für vier Tage auf den Darß mitgenommen. Da habe ich auch den Mut gehabt, mir das Haus in Wustrow anzusehen, wo ich 2006 den letzten Urlaub mit Reuter verbracht hatte. Ich bin froh, dass ich diesen Schritt gemacht habe: Der Blick hatte etwas Befreiendes. Es war eine Art Abschied.

Die Einzigartigkeit und Unwiederbringlichkeit von Momenten auf Reisen …

Einmal dirigierte Reuter das Rundfunksinfonieorchester in München, ich glaube, es war irgendeine Sinfonie von Schostakowitsch. In München lebte auch meine Schulfreundin Renate Wolfram, inzwischen Kinderärztin. Die Familie wohnte, als sie noch in der DDR war, in einem unglaublich schönen Haus an den Weinhängen in Richtung Radebeul. Renates Vater war Chefinternist im Krankenhaus in Dresden-Friedrichstadt und kam von einer Vortragsreise 1961 nicht mehr zurück. Da machte dann die ganze Familie rüber.

Ich schlief bei Renate, mein Mann im Hotel. Und jedes Mal, auch später, habe ich Meißner Porzellan geschmuggelt, mal eine Tasse, mal eine Vase.

Warum?
Damit Renate half, für meinen Mann einen Anzug oder einen Mantel zu kaufen.

Von der Stange? Der große international tätige Dirigent Rolf Reuter aus der DDR trug keine Maßanzüge?
Nein, Reuter hatte eine Idealfigur. Dem passte auch Konfektion von der Stange. – Von dem Deal mit meiner Freundin hatte Reuter keine Ahnung. Manchmal fuhr er auch allein, dann gab ich ihm ein Paket für Renate mit, ohne dass er wusste, was er damit beförderte. Hätte ich es ihm gesagt, hätte er mit Sicherheit abgelehnt: »Ich beteilige mich nicht an illegalen Geschäften.«

Was heißt illegal? Westkünstler haben zentnerweise Meißner Porzellan als Honorar über die Grenze geschleppt.
Reuter war etwas weltfremd, er hatte auch keine Ahnung vom Einkaufen, weil er es nie machte. Renate

ging also mit ihm ins Kaufhaus, und dort bekam mein Mann, wie sie mir hinterher amüsiert berichtete, einen Kaufrausch. Er kaufte nicht nur eine Hose und ein Jackett, sondern gleich drei Hosen, einen Wintermantel und mehrere Hemden. Reuter kam zurück nach Berlin und freute sich wie ein Kind, dass er so schöne Sachen eingekauft habe. Bis zu seinem Tode brauche er nun nichts Neues mehr, sagte er überzeugt. Er war in dieser Hinsicht weitaus bescheidener als ich.

Apropos Bescheidenheit: Ich erinnere mich, dass Sie mal gesagt haben, dass Sie fast zwei Jahre lang nach Reuters Tod sich ziemlich haben gehen lassen.

Zumindest was das Essen betraf. Ich habe so gut wie nie gekocht. Ich bin gelegentlich zur Tankstelle gefahren und habe mir eine Bockwurst geholt. Als ich das meinem verehrungswürdigen Kardiologen Professor Stangl gesagt habe, straffte er sich und sagte: »Frau Reuter, das ist Ihrer unwürdig!«

Das hat gewirkt. Ich bin dann wieder einkaufen gegangen, aber habe einige Zeit gebraucht, um mich an eine normale Ernährung zu gewöhnen, weil ich doch Reuter vegetarisch versorgt hatte.

Reuter war Vegetarier? Seit wann?

Seit er sich intensiv mit dem Buddhismus beschäftigte. Er lehnte das Töten von Tieren ab. Deshalb musste ich ihn gelegentlich betrügen. Zum Beispiel liebte er Nudelsuppe. Aber ohne ordentliche Hühnerbrühe schmeckt die nicht. Also habe ich die Bouillon durchgeseiht, dass nicht ein Fitzelchen Fleisch in der Suppe schwamm, die aber keineswegs vegetarisch war. Sie schmeckte ihm vorzüglich. Reuter hatte vom Kochen keine Ahnung. Er aß keinen Fisch, keine Eier, verzichtete sogar auf Butter. Und Leder trug er auch nicht. Ich kaufte ihm mal eine Wildlederjacke und redete ihm ein, dass sei Alcantara, also ein Microfaserstoff.

Lederschuhe?
Ebenso. Ich machte ihm weiß, dass es sich ausschließlich um Kunstleder handelte.

Als er in die Klinik kam, sagten die Ärzte, er müsse essen: Seine Organe hätten gar keine Kraft mehr zu leben. Daraufhin habe ich ihm früh, mittags und abends Wunschessen in die Klinik gebracht. Reuter hatte plötzlich Appetit auf Salami, was er auch einräumte ... Aber da war es bereits zu spät.

Wollen Sie damit sagen, dass seine körperliche Schwäche Folgen seiner vegetarischen Ernährung war?
Nein. Es war die Folge des Krebses. Hager war er schon immer.

Hat er geraucht?
Früher schon. Aber nach unserer Hochzeit hörte er damit auf.

Sie nicht.
Nein. Komisch, nicht?

Als Vegetarier hat er DDR-Restaurants meiden müssen. Oder?

Er ging selten in Restaurants, allerdings nicht, weil er als Vegetarier dort kaum etwas bekommen hätte. Da war man – auch noch nicht im Ausland – noch nicht auf dem Vegetariertrip. Er verließ sich darauf, was ich ihm zubereitete. Und das war eine komplizierte Aufgabe in der DDR. Versorgen Sie mal einen Hochleistungssportler, wie es ein Dirigent nun mal ist, mit vollwertiger Nahrung, wenn er fleischlos lebt. Jeden Morgen aß er frisches Sauerkraut und Joghurt und Obst in Mengen sowie Käse.

Käse kam auch von der Kuh.

Das schien ihm nicht bewusst zu sein.

Akademie und Akademiker

Sie haben nach der »Wende« eine spendenfinanzierte Einrichtung ins Leben gerufen, die Internationale Musikakademie zur Förderung musikalisch Hochbegabter in Deutschland. Das ist für mich ein exemplarischer Vorgang: Viele Ostdeutsche, in ihren Berufen qualifiziert, wurden aussortiert – auch weil sie als Konkurrenten nicht akzeptiert wurden. Typisch meine Erfahrung mit einem exzellenten Werbegrafiker, der seit Mitte der achtziger Jahre als Direktor der Kunsthochschule in Weißensee tätig und nunmehr arbeitslos war. Die Landesbausparkasse in Brandenburg hatte meine Agentur mit dem Entwurf einer Immobilienzeitschrift beauftragt, und ich hatte diesen Job an eben jenen Mann vermittelt. Ich fuhr mit ihm nach Potsdam, um sein Layout der Führungsmannschaft – ausnahmslos Wessis – zu zeigen. Ich beging den Fehler, der mir erst hinterher bewusst wurde, diesen Grafiker mit seinen bisherigen Leistungen einzuführen, verwies auf hunderte Theaterplakate, internationale Auseichnungen. Er war wirklich einer der Besten. – Er brauchte seine Mappe gar nicht zu öffnen, wir konnten einpacken.
Wir haben dann den Entwurf leicht modifiziert und ihn einen Nobody präsentieren lassen. Da ging alles glatt.

Ja, die Brüder und Schwestern besaßen nicht die Souveränität zu akzeptieren, dass wir fachlich gut, oft sogar besser als sie waren. Kraft ihrer Wassersuppe oder mit Hilfe einer Stasiakte räumten sie die ostdeutsche Konkurrenz aus dem Weg, oder, wie in meinem Falle, drängten das Anliegen an den Rand. Wieso müsse man Hochbegabte auch noch mit Staatsgeldern fördern, fragten sie.

Ja warum eigentlich?

Weil es eine Lücke gab und gibt. Die beginnt unterhalb des Hochschulstudiums. Erst beim Studium beginnen Förderprogramme, und da ist es eigentlich bereits zu spät. Man muss früher ansetzen. Wir beginnen davor. Unser Jüngster, dem wir unter die Arme griffen, war sechs.

In den USA gibt es sogenannte An-Institute, das sind dem Musikhochschulen vor- und beigestellte Einrichtungen, die talentierte junge Musiker unterstützen. Und weil das in Deutschland fehlt, habe ich mich entschlossen, so eine Akademie zu gründen, wozu mich insbesondere Yehudi Menuhin inspirierte und protegierte. Wir fördern musikalisch talentierte Kinder, Jugendliche und junge Erwachsene. Das ist als Akademie unser Alleinstellungsmerkmal.

Weil es hierzulande nichts Vergleichbares gibt?

Wir sind deutschland- und europaweit die einzige Fördereinrichtung dieser Art. Wir unterstützen ungeachtet des sozialen Standes der Elternhäuser jedes begabte Kind, wenn es denn begabt ist.

Die Chefin der Internationalen Musikakademie zur Förderung musikalisch Hochbegabter in Deutschland, 2017

Und diese bilden Sie aus.
Nein, wir bilden nicht aus, das können wir uns finanziell gar nicht leisten. Dazu bräuchte ich eine finanzstarke Stiftung, die ich nicht im Hintergrund habe. Wir bieten Workshops und Meisterkurse mit prominenten Musikern, lassen die Akademisten bei Konzerten mitspielen, damit sie wichtige Bühnenerfahrungen sammeln und Auftrittsroutine gewinnen. Wir bieten zusätzlichen Unterricht in Ferien und vor Wettbewerben und Prüfungen an. Besonderes Augenmerk gilt der kammermusikalischen Bildung. Und wir helfen Kindern von nicht ganz so betuchten Eltern bei der Anschaffung von Instrumenten. Kurzum: Wir unterstützen auf hohem künstlerischem Niveau von früher Kindheit an bis in die ersten Jahre des Berufslebens hinein.

Wie sieht das konkret aus?

Es melden sich Lehrer von Musikschulen und/oder begabte Instrumentalisten, oder wir sprechen sie an. Es folgt ein zweitägiges *Vorspiel Generale*, bei der eine Jury die Talentiertesten auswählt. Und diese fördern, das heißt qualifizieren wir in der Regel bis zum Studium.

Sie sagten, die Akademie lebt von Spenden.

Und vom Idealismus der Beteiligten. Träger der Akademie ist der gleichnamige Verein, dessen Vorsitzende ich seit der Gründung 1997 bin. Wir haben einen Jahresetat von etwa 40.000 €, den ich Jahr um Jahr einwerben muss. Bei Menschen, die ich kenne und von denen ich annehme, dass sie den musikalischen Nachwuchs hierzulande unterstützen wollen. Und die kommen natürlich auch zu unseren Konzerten, bei denen wir demonstrieren, dass ihr Geld gut angelegt ist.

Dass wir bisher gut damit klar kamen, liegt an meiner hervorragenden Geschäftsführerin Jeanette Schäfer-Jaschik.

Und natürlich leben wir auch von prominenten Namen, keine Frage. Schirmherren waren bzw. sind Yehudi Menuhin – der das Konzept der Akademie maßgeblich prägte – und Vladimir Jurowski, Chefdirigent und Künstlerischer Leiter des Rundfunksinfonieorchesters Berlin. Der Generalmusikdirektor der Deutschen Oper, Donald Runnicles, ist unserer Künstlerischer Mentor. Zudem besteht eine Patenschaft mit der Deutschen Oper, und wir kooperieren mit dem Berliner Konzerthaus, der Musikschule »Béla Bartók« Berlin-Pankow, mit dem Julius-Stern-Institut der Universität der Künste Berlin, dem Berliner Musikgymnasium »Carl Philipp Emanuel Bach«, mit der Hochschule für Musik, Theater und Medien Hannover und deren Institut zur Frühförderung musikalisch Hochbegabter, mit dem Hochbegabtenzentrum der Hochschule für Musik »Franz Liszt« in Weimar, mit dem Pre College Cologne an der Hochschule für Musik Köln, der Jugendakademie der Sibelius-Akademie Helsinki, mit dem Conservatoire Pau-Béarn-Pyrénées in Frankreich und dem Staatlichen Konservatorium Jerewan, Armenien. Hoffentlich habe ich jetzt keine Einrichtung vergessen.

Wow, Glückwunsch. Sie sind, wie man heute sagt, also bestens vernetzt. Wie viele Akademisten betreuen Sie?

In der Regel so um die dreißig. Manche sind acht Jahre bei uns. Sie müssen in jedem Jahr um ihre Stelle

Blumen nach dem Konzert für die Akademisten, 2017

spielen. Im *Generale* hören wir sie und die Neubewerbungen.

Dazu braucht man eine Örtlichkeit, eine Heimstätte.
Die wir natürlich nicht haben. Die Ausbildung findet bei unseren Kooperationspartnern statt, der Kammermusikworkshop im Schloss Rheinsberg. Dort leben und musizieren wir eine Woche miteinander und geben Konzerte in historischer Kulisse.

Sind Sie beleidigt, wenn ich sage, dass – trotz Ihres und des Engagements Ihrer Mitstreiter – die musische Erziehung in der DDR, obgleich diese doch der ärmere deutsche Staat war, besser, weil umfassender war?
Überhaupt nicht, denn es trifft zu. Mir ist das auch erst im Nachgang bewusst geworden.

Mein Onkel, der jüngste von drei Brüdern, war Pianist und Chef der Konzerthalle in Frankfurt/Oder. Inzwischen ist er achtzig. Wir fuhren unlängst durchs Oderbruch, von Frankfurt nach Seelow, und er erzählte, dass er in den fünfziger Jahren diese Strecke immer mit dem Fahrrad gefahren sei. Bei jedem Wetter und zu jeder Jahreszeit. In nahezu jedem Dorf gab es ein Schulorchester, das er als junger Musiklehrer betreut habe. Der Staat oder die örtliche LPG finanzierte die Instrumente. Dort wurden kaum Spitzenmusiker entwickelt, aber die Kinder und Jugendlichen wurden an die Kunst systematisch herangeführt. Und wie im Oderbruch war es vermutlich auch in anderen Gegenden so.

Ja, richtig. Dieses Ostdeutschland hatte 84 Opern- und Sinfonieorchester, die alle Tradition besaßen: Sie waren die Fortsetzung früherer Orchester, die in einstigen Fürsten- und Herzogtümern und ähnlichen Duodezstaaten existiert hatten. Nicht eines dieser Orchester hat die DDR abgeschafft. Und es gab Spezial- und Musikhochschulen, die für Nachwuchs gesorgt haben.

Allerdings gab es bei Auslandstourneen auch einen gewissen Schwund …
Ja, es sind einige Musiker weggeblieben, aber eben nicht alle. Und die Lücken schlossen wir mit Musikern aus Bulgarien, Rumänien, der Tschechoslowakei.
Ich will jetzt die musische Ausbildung in der DDR nicht idealisieren. Es gab durchaus ideologische Probleme und erhebliche Konflikte. Aber nicht nur, wie jedoch später immer behauptet wurde. Auch der Nachwuchs von christlichen Musikern oder Pastorenkinder durften studieren. Und ich fand es auch ideal, dass die Schule der Volksbildung unterstand und die künstlerische Ausbildung den Hochschulen.
Meine Meriten habe ich mir erst nach 1990 erworben, als der Westen erklärte, das geht gar nicht, das passt alles nicht in unser Schulsystem, und ich Widerstand organisiert habe. Ich bin zum Beispiel in den Berliner Senat marschiert und habe beim zuständigen Staatssekretär Ulrich Arndt gegen die geplante Schließung der Musikspezialschule in der Rheinsberger Straße protestiert, an der auch meine Tochter Agnes unterrichtet wurde, weshalb ich dem Elternbeirat angehörte. Ich bleibe hier so

lange sitzen, bis er eine Erklärung unterschriebe, dass die Schule bleibe, erklärte ich. Das sei Nötigung, antwortete er, ich lasse Sie abführen. ›Das machen Sie mal‹, kesselte ich zurück, das sei ein gefundes Fressen für die Presse.

Und?
 Er ist eingeknickt. Die Schule existiert als Musikgymnasium »Carl Philipp Emanuel Bach« noch immer. Seit 1965 war die Einrichtung eine selbstständige Oberschule und gleichzeitig eine Abteilung der Hochschule, was sich gegenwärtig als Problem darstellt. Aber egal.

Die Schüler dankten es Ihnen damals mit einem Plakat an der Schulhausfassade: »Wir danken Gott und Frau Reuter.«
 Das war etwas anderes. Es sollten drei Schüler zum Bund eingezogen werden. Da habe ich mit allen möglichen Leuten telefoniert und schließlich den zuständigen Bundeswehrgeneral überzeugt, dass es für die drei und den Frieden nützlicher wäre, wenn sie ihre Instrumente und nicht irgendwelche Knarren beherrschen lernen würden. Und der hat mir zugestimmt.

Noch mal zurück zur musischen Erziehung in der untergegangenen Republik. Wir sind uns einig, dass musische Erziehung nicht allein das Beherrschen eines Instruments bedeutet, sondern im weitesten Sinne eine allgemeine Sensibilisierung für Menschen, Alltag, Kultur.
 Absolut.

»Wir danken Gott und Frau Reuter«: Plakat am Portal des Musikgymnasiums »Carl Philipp Emanuel Bach«, als drei Schüler vom Wehrdienst beim Bund befreit wurden

Wenn es aber so ist, dann kann eine Gesellschaft, die das verantwortete, nicht so verkorkst und ahuman gewesen sein, wie es seit dem Untergang der »zweiten deutschen Dikatur« von der heutigen Gesellschaft behauptet wird.

So, damit sind wir beim Thema. Mitte der neunziger Jahre versuchte ich, Ost- und Westberliner zusammenzubringen. Etwa sechzig, siebzig Damen folgten der Einladung in meinen Garten in Pankow. Marylea Van Daalen, Frau des damaligen Adlon-Direktors, fand den Abend so toll, dass sie meinte, diese Begegnungen sollten wir institutionalisieren. So riefen wir den Frauengesprächskreis »Meet me in Mitte« ins Leben. Das nächste Treffen fand im Hotel Adlon am Pariser Platz statt, später sollten wir ins Ritz am Potsdamer Platz wechseln. Ich war davon überzeugt, dass Begegnungen dieser Art den Prozess des Zusammenwachsens fördern würden, was ja mein Wunsch war.

Dort traf ich auf die Frau eines sehr bekannten Fernsehjournalisten aus dem Westen, die sich so abfällig und unqualifiziert über die DDR äußerte, dass ich laut und auch wütend widersprach. Ich könne mich nur zur Musikszene äußern und verfüge nicht über ihre umfassenden Kenntnisse der DDR-Gesellschaft, aber ich wolle nur darauf aufmerksam machen, dass von den 84 ordentlichen Orchestern der DDR vielleicht nur noch zwei Dutzend existieren, die anderen sind nicht mehr oder auf Combo-Größe zusammengeschrumpft.

›Sie sind ja eine ganz Rückwärtsgewandte‹, giftete sie, ›das ist reine DDR-Propaganda!‹

Keine von den Frauen, die dabei saßen und meine Vita kannten, ist mir zur Seite getreten. Nicht eine sagte: ›Also hören Sie mal, das können Sie der Frau Reuter nicht unterstellen.‹ Nicht eine zeigte sich solidarisch. Ach, sie hätten sich nicht einmal solidarisch zeigen müssen. Es hätte schon ein demonstratives Kopfschütteln als Zeichen des Widerspruchs genügt. Nichts von alledem. Das wäre ja auch ein typischer Ostreflex gewesen: Dass man jemandem, dem Unrecht widerfährt, selbstverständlich Unterstützung zuteil werden lässt.

Und?

Ich bin nie wieder dorthin gegangen.

Ach, ich habe auch so meine Erfahrungen mit Wessis. Ich vermute, dass Sie unlängst einen Anruf von Herrn B., einem Filmemacher, bekommen haben? Der recherchiert zu deutschen Auswanderern in Russland. Dem habe ich erzählt, dass Vorfahren Ihres Mannes im Kaukasus gesiedelt haben.

Der hat bereits angerufen, ja. Er hat mir als Erstes erzählt, dass seine Frau krebskrank sei, weshalb er nicht nach Berlin kommen könne. Also sehr vertrauenerweckend kam er mir nicht vor.

Ich muss mich entschuldigen. B. hatte sich bei Modrow eingeschleimt und zum Essen in ein Restaurant am Strausberger Platz eingeladen, und weil Hans nicht allein hingehen wollte, bat er mich mitzukommen. Der Filmmensch begann das Gespräch mit der Frage: ›Na, Herr Schumann, wann schmeißt der Nordkoreaner die Bombe?‹, worauf ich sagte: Nie. Denn die braucht er nur als Drohkulisse. Setzte er sie ein, wäre die Wirkung verpufft. – Also diesem Filmmenschen fehlte einiges, und von Dialektik hatte er auch keine Ahnung.

Wie ist der Modrow an den geraten?

Ach, es schleichen immer wieder Leute in seinen Dunstkreis, die sich erhoffen, von der Bekanntschaft mit dem Ex-Ministerpräsidenten, Ex-Bundestagsabgeordneten und Ex-Europaparlamentarier zu profitieren. Also das

Gespräch mit diesem Manne war richtiger Krampf, und am Ende sagte er generös, dass er die Rechnung übernehme.

Typisch Wessi. Es war doch seine Einladung.

Eben. Man muss das noch mal klar unterstreichen, wie großzügig man doch ist. – Ich machte mich anheischig, ihn in sein Hotel nach Charlottenburg zu fahren, was er natürlich sofort annahm. Wir traten also vor die Tür, und er fragte mich: Wo eigentlich ist hier die Stalin-Allee, die jetzt nach Karl Marx heißt.

Im Ernst?

So wahr ich hier sitze. Das war aber mehr ein opportunistisches Anbiedern und nicht Ausdruck von wirklichem Interesse. Als wir in die Breite Straße einbogen, sagte ich: Dort auf der Ecke, wo jetzt dieses hässliche Bürohaus thront, stand mal das Ahornblatt, ursprünglich die Arbeitergaststätte für die Bauleute vom Palast der Republik. Darauf er, auf die kleine Brache links weisend: ›Und der Palast stand hier.‹ Nein, hier stand das Bauministerium, korrigierte ich ihn, mit einem Emaille-Wandbild von Walter Womacka. Der Palast stand dort vorn, wo jetzt das wieder errichtete Hohenzollernschloss steht.

Naja, das muss man einem Fremden nicht vorhalten, wenn er sich in Berlin nicht auskennt.

Mache ich doch auch nicht. Wir fahren weiter, kommen am Holocaust-Mahnmal vorbei. Da moniert er erstens den Ort und zweitens die Dimension. Gut, sage ich ver-

*söhnlerisch, darüber kann man diskutieren. Ich rege
mich allenfalls darüber auf, sagte ich, dass inzwischen
jede einzelne Opfergruppe ein eigenes Mahnmal beansprucht,
aber für die größte Opfergruppe nächst den
Juden gibt es keins. ›Wer soll das sein?‹, erkundigt sich
der, der doch einen Film über deutsche Einwanderer in
Russland machen will. Ich sage: ›3,3 Millionen russische
Kriegsgefangene, die in Deutschland verreckten, verhungerten
oder anderweitig umgebracht wurden.‹ Darauf er:
›Ist das verbürgt?‹ Na selbstverständlich ist das verbürgt,
weil dokumentiert, sage ich.
Ein paar Meter weiter hebt er wieder an: ›Mein Vater
war Reichstagsabgeordneter.‹ Ach, entgegne ich, das sei ja
interessant. Für welche Partei? ›Na, für die NSDAP.‹*

Ach, du lieber Gott.

*Das ging mir genauso. Und dann erzählt er weiter. Sein
Alter war nicht nur Reichstagsabgeordneter, sondern auch
Kreisleiter der NSDAP in Glogau in Schlesien. Und er
berichtete, wie er als Vierjähriger mit seinem Vater Karl B.
auf dem Balkon in Glogau gestanden habe, um eine
Parade abzunehmen. Und wie er das minutiös repetierte,
schien ihn ein Gefühl von Stolz zu durchströmen. Die
Erinnerung daran, neben einem Goldfasan auf dem Balkon
dem Vorbeimarsch von irgendwelchen SA- oder SS-
Banden beigewohnt zu haben, erwärmte ihm sichtlich das
Herz. Der Vater sei am 3. April 1945 im Kampf mit den
Russen im Landkreis Glogau gefallen. –
Ich schwieg betreten und tröstete mich mit dem Wissen,
dass es bis zum Savignyplatz nicht mehr weit war.*

Plötzlich sagte er: ›Ich wäre auch in der FDJ gewesen.‹
Was sollte das denn heißen?

Er wollte wohl sagen, dass er, hätte er in der DDR gelebt, sich genauso opportunistisch verhalten hätte wie er meinte, dass ich es getan habe. Er wollte sich verständnisvoll zeigen, indem er glaubte, sich mit mir gemein machen zu müssen.
Das ist ja widerlich und dumm. Also den eliminiere ich, meine Lebenszeit ist zu kurz, dass ich mich auf ein Gespräch mit dem einlasse.

Sie müssen nicht mit dem reden. Ich bin ihm in keiner Weise verpflichtet, und Sie schon gar nicht.
Der wusste noch nicht einmal, für welchen Sender er den Film machen wollte, also es gibt folglich keinen Auftraggeber. Und beim Auswärtigen Amt hatte er um eine Förderung nachgesucht, doch die hätten ihm die kalte Schulter gezeigt, wie er mir am Telefon sagte.

Wenn er dort den gleichen Nebel verbreitet hat wie bei Ihnen, überrascht mich das nicht.
In dieser russophoben Zeit gibt es doch keinen Cent aus der Politik für einen Film über deutsche Einwanderer in Russland. Das passt nicht in den aktuellen Streifen. Ich sagte ihm dies natürlich etwas freundlicher. Das Außenministerium könnte vielleicht fürchten, dass sein Film ein gewisses revanchistisches Geschmäckle haben könnte, weil er ja nicht klar dessen Botschaft formuliert habe. Auch mir habe er nicht die Kernaussage nennen können, denn ein »Film über deutsche Russlandeinwan-

derer« sei keine Botschaft, sondern allenfalls eine grobe Umschreibung des Inhalts, nicht der damit verfolgten Absicht. Darauf er empört: Er sei doch kein Revanchist.

Das ist ein generelles Problem, was ich in der Zusammenarbeit mit Wessis immer wieder erlebe: Sie können nicht konzeptionell arbeiten, weil sie nicht strukturell und strategisch denken gelernt haben. – Würden Sie zum Beispiel im ersten Telefonat mit einem fremden Menschen diesem von der Krankheit Ihres Partners erzählen?

Ganz bestimmt nicht.

Das meine ich. In ihrem Denken kommt die Frage nicht vor: Was bewirke ich mit meiner Rede, was löse ich mit welcher Ansage bei meinem Gegenüber aus? Mal angenommen, ich hätte mit meinem Nazi-Vater in Glogau eine Faschistenparade abgenommen und würde dies unvermittelt jemanden erzählen, überlegte ich mir zuvor, warum ich ihm dies erzählte, erstens, welche Absicht verfolgte ich mit dieser Erzählung. Und zweitens würde ich bedenken, welche Reaktion dies auslösen könnte. Also so etwas würde unsereiner nie ohne Kalkül erzählen.

Ich verstehe, was Sie meinen. Die meisten sind auch zu einer Selbstreflexion unfähig, können keinen Perspektivwechsel vornehmen, also mal neben sich treten und auf sich schauen oder sich in die Lage des anderen versetzen. Sie, also diese Leute, sagen vielleicht, Trump oder Putin ist ein Arsch, aber wollen sich nicht in ihre Rolle begeben, um die Frage zu beantwortet: Warum macht er das, was er gerade macht? Das bedeutet doch nicht, dass ich dem zustimme. Aber es hilft vielleicht, einen Punkt zu finden, an dem man mit ihnen reden könnte.

Sie haben irgendwann mal in einem Nebensatz gesagt, dass Sie in der DDR gelitten haben.
Ja, ich habe gelitten. An ideologischen Auswüchsen, an der Primitivität von Einschätzungen und Entscheidungen, an der Engstirnigkeit beim Beurteilen von Menschen und deren Handlungen. Wer nicht für uns ist, ist gegen uns. Ich war doch kein Konterrevolutionär, nur weil ich manches kritisch sah und das auch aussprach!

Ich fand auch die deutsche Teilung schlecht, womit ich aber nicht der DDR dafür die alleinige Schuld gab, auch wenn ich deren Fahne als »Spalterflagge« bezeichnete. Ich war immer für die deutsche Einheit, aber nicht zu diesen Bedingungen, wie sie dann hergestellt worden ist. Diese Brachialgewalt, mit der der Westen als System über den Osten hinweggerollt ist und ihn in Besitz genommen hat, hatte ich mir nicht in meinen schlechtesten Träumen vorgestellt.

Lassen wir mal jetzt die Gegenwart. Hatten Sie in der DDR Angst, fürchteten Sie Konsequenzen, wenn Sie gegen den Strom schwammen?
Als Studentin nicht die Bohne.

Weil Sie jung waren?
Sie meinen naiv und unwissend? Im Gegenteil: Ich vertraute auf meine Argumentationsfähigkeit, auf mein

Wissen, auf die Kraft des Wortes und die Gabe zu überzeugen. Einmal wurde ich aus dem Philosophieseminar verwiesen, weil ich dem Materialismus eine Absage erteilte und mich zum Idealismus bekannte. Ich musste mich bei Professor Alfred Kosing melden, dem Direktor des Instituts für Philosophie an der KMU. Wir führten ein höchst anregendes Gespräch. Wir tranken Kaffee und philosophierten miteinander, parlierten über marxistisch-leninistische und über idealistische Philosophen, über Unterschiede und Gemeinsamkeiten. Kosing sagte: ›Ich werde Sie prüfen, und wehe, Sie fallen beim Examen um. Vertreten Sie so überzeugend Ihren Standpunkt wie jetzt!‹

Und? Taten Sie's?
Ich glaube schon. Die Prüfungskommission gab mir eine Eins. Und ich bekam eine Lehre fürs Leben: Man muss immer konsequent seine Haltung vertreten, das akzeptieren am Ende auch jene, denen man widerspricht!

Übrigens, Alfred Kosing, einer der namhaftesten deutschen Philosophen, ist ein sehr produktiver Autor. Ich habe in den letzten Jahren mehr als ein halbes Dutzend Bücher mit ihm gemacht.
Da grüßen Sie ihn herzlich von mir. Vielleicht erinnert er sich an diese Geschichte.

Ich werde sie ihm in der nächsten Woche erzählen, wenn er wieder zu Besuch nach Deutschland kommt. Er lebt in

der Türkei. (Kosing verstarb kurz vor Vollendung seines 92. Lebensjahres im Oktober 2020 in seinem Wohnort Alanya – d. Verl.)
Allein für diese Erfahrung hat sich doch das Studium für Sie gelohnt, um auf die Ausgangsfrage zurückzukommen.
Absolut! Außerdem lernte ich wissenschaftlich zu arbeiten, also konzentriert und systematisch Bücher und Unterlagen zu durchforsten, um bestimmte Fragen zu klären und zu untersuchen, sie weiterzudenken, neue Fragestellungen abzuleiten, überhaupt Widersprüche und Probleme zu erkennen.

Gab es vergleichbare Begebenheiten wie jene mit Kosing?
Und ob! Meine Mutter, mit der ich einmal in der Woche von der Leipziger Hauptpost telefonierte, fürchtete sich immer, dass mir wegen meines losen Mundwerks etwas passieren könnte. Das war nun wieder ihre Erfahrung aus der Nazizeit.

Einmal hörten wir eine Vorlesung bei einem ziemlich betagten Historiker. Der war im Zweiten Weltkrieg Jagdflieger bei der Wehrmacht gewesen und hatte fast hundert feindliche Maschinen abgeschossen, dessen er sich keineswegs rühmte. Er war über der Sowjetunion abgeschossen und zum Nachdenken gezwungen worden, weshalb er sich schließlich dem Nationalkomitee »Freies Deutschland« anschloss und gegen den Nazismus kämpfte. Schließlich war er ein strammer Genosse geworden. Soweit, so akzeptabel. Dann aber verstieg er sich in der Vorlesung zu der Behauptung, zumindest hatte ich ihn so verstanden, dass die Tschechoslowakei

Auch ein berühmter Pole: Reuters zu Gast bei Karol József Wojtyla, bekannter als Papst Johannes Paul II.

und Polen rechtens gehandelt hätten, als sie nach dem Krieg die Deutschen rausgeschmissen, also vertrieben haben. Das empörte mich. Ich meldete mich zu Wort, als einzige unter den etwa 250 Zuhörern, und widersprach. Diesen Menschen sei schweres Leid zugefügt worden, das habe nichts mit Humanismus, nichts mit Sozialismus zu tun. Vertreibung bleibe Vertreibung, man könne nicht Unrecht mit Unrecht vergelten.

Hm, sagte der Professor ruhig, können wir uns nach der Vorlesung mal unterhalten?

Und das taten wir dann. Es war ein sachliches, konstruktives Gespräch, wie ich es auch mit Kosing hatte. Der Mann stimmte mir insofern zu, als die Umstände der Ausweisung wahrlich kriminell waren, was aber wiederum Folge der vorangegangenen Umgangs der deutschen Besatzungsmacht mit Polen, Tschechen und Slowaken war. Das war keine politische oder ideologisch motivierte Willkür, sondern menschlich verständliche Rache für all das Leid und die Verbrechen, die man selbst erfahren hatte. Gewiss seien die meisten vertriebenen Deutschen subjektiv unschuldig gewesen, aber objektiv hätten sie sich mitschuldig gemacht, indem sie das Nazireich durch Massenloyalität gestützt hatten.

Ja, es gab nun mal diese Kausalkette: Ohne 1933 kein 1939, und ohne 1939 kein 1945 mit Jalta und Potsdam und nachfolgender deutscher Teilung.

Trotzdem: Auch individuelles Leid ist nun mal Leid!

Entwertung der Werte

Warum schließt man im Alter schwerer Freundschaften als in der Jugend, und warum halten die in der Jugend entstandenen Freundschaften oft ein ganzes Leben?
Vielleicht weil man im Alter vorsichtiger ist?

Vorsichtiger? Warum?
Eventuell wegen menschlicher Enttäuschungen, an denen Beziehungen zerbrachen? Oder weil es im Alter schwerer fällt, sich auf Macken anderer einzulassen? Vielleicht auch, weil man sich mit zunehmenden Alter scheut, Verpflichtungen einzugehen. Freundschaften verpflichten nämlich – und sei es nur, weil man sie pflegen muss. Warum fragen Sie?

Weil Sie immer wieder auf langjährige Beziehungen hinwiesen. Auf die Kinderärztin Renate in München und Sabine aus Marbach …
Das schönste Mädchen von Dresden. Mit ihr habe ich alle Erfahrungen geteilt, selbst jene, die wir als Teenager mit Jungen gemacht haben. Wir tobten gemeinsam durch Schloss Moritzburg …

Ich übernehme jetzt mal Ihre Praxis, durch die Biografie zu mäandern und reagiere auf das Stichwort Moritzburg. Wie kommt das Schloss in Ihr Leben?

Da muss ich etwas weiter ausholen.

Mit dieser Ankündigung überraschen Sie mich nicht.
Im Ort Moritzburg gab es Adams Gasthof, der uralt und berühmt war für das Wildbret, dass dort aufgetischt wurde. Dort waren die Herzfelds oft zu Gast. Und alljährlich im Februar gab es irgendeine traditionelle Feier, an die ich mich einzig deshalb erinnere, weil auf den festlich gedeckten Tafeln herrlich duftende Fresien standen. Das muss man sich mal vorstellen: Fresien im Februar! Und das in der DDR!

Es gab dort einmal auch einen unangenehmen Zwischenfall. Ich hatte mich in einen Oberarzt verknallt. Der arbeitete in der Klinik, in der ich nach dem Abitur untergekommen war. Ich Backfisch hatte mich in ihn verguckt, obgleich er älter und obendrein verheiratet war. Um ihn meiner Mutter vorzustellen, hatte ich ihn in Adams Gasthof bestellt. Er kam wirklich zu diesem Rendezvous. Ich hatte mich rausgeputzt, eilte auf ihn zu und führte ihn voller Stolz meiner Mutter zu. Ihre stahlblauen Augen verdunkelten sich bei seinem Anblick, ihr Rücken wurde immer gerader …

Ich vermute, dass die Liebelei damit beendet war. Aber Sie wollten mir eigentlich etwas anderes erzählen. Bine …
'tschuldigung. Es gab dort auch eine Frau Neumann, eine ehemalige Gutsbesitzerin aus Ostpreußen. Sie wohnte in dem Haus, in dem 1945 Käthe Kollwitz verstorben war. Frau Neumann hatte nichts – außer einem Pferd und ihrer Würde: eine hochgewachsene Frau mit

weißen Haaren. Ihre ärmliche Behausung habe ich noch immer vor Augen. Neben dem Pferd besaß sie noch einen Hund, und das Tierfutter verdiente sie sich im Johann-Sebastian-Bach-Haus, wo sie in der Küche Kartoffeln schälte. Das war ein Heim für Behinderte.

Nach dem Tod meines Vaters wurde ich depressiv, und irgendjemand riet, ich solle reiten lernen, das würde mich aus diesem Tal bringen. Da diese Frau Neumann ihr Pferd auch für Therapien im Bach-Haus einsetzte, lag es nahe sie zu fragen, ob nicht auch ich dort in den Sattel steigen könne.

Und Sie ritten nun.

Mehr noch, ich lernte den Ort kennen und Augusts prächtiges Schloss. Das erhob sich auf einer Insel, und links und rechts von der Zufahrt standen zwei kleine Pavillons. In einem wohnte ich eine Zeit lang mit Bine, die eine Affäre mit dem Dresdener Schauspieler Horst Schulze hatte, der aktuell in Potsdam-Babelsberg arbeitete und nach den Dreharbeiten immer in unser Wasserhäuschen kam.

Frau Reuter.

Ja, und der Herr Frenzel …

Wer ist das nun wieder?

Das war der Museumsdirektor, der ein Patient meines Vaters war, als dieser noch lebte. Der wohnte im Heinrichsturm, einem der vier Ecktürme des Schlosses. Er hatte nicht nur die Schlüsselgewalt über unseren

Pavillon, sondern auch über alle Räumlichkeiten im Schloss. Und manchmal, wie ich schon sagte, überließ er Bine und mir den Schlüssel, der für alle Schlösser im Schloss passte. Und wir sahen im Lager und überall im Schloss die abgestellten Kunstschätze, die, wie man erzählte, von den Russen 1945 in Sachsen akquiriert und hier abgestellt worden waren: Plastiken, Gemälde, Wandteppiche, Möbel, Bücher, Kupfer- und Porzellangeschirr, Kandelaber … Alles noch unsortiert und nicht inventarisiert. Frenzel zeigte mir Handschriften von Goethe und von Napoleon, die er scheinbar privatisiert hatte, denn sie befanden sich in seiner Wohnung. Und da ich schon damals auf Napoleon fixiert war, habe ich ihn in meiner himmelschreienden Unbedarftheit gefragt, ob er mir die nicht verkaufen wolle. Was er natürlich nicht tat.

Frenzel verstarb, und ich – in Leipzig lebend – hörte davon, dass die Witwe dem Alkohol verfallen sei, weshalb ich mich nach Moritzburg aufmachte in der Hoffnung, bei ihr die Napoleon-Briefe abstauben zu können. ›Wo denken Sie hin, Frau Reuter‹, sagte sie, als ich ihr ein Angebot machte. ›Die Briefe habe ich schon längst verscherbelt.‹

Ich bin nie wieder in Moritzburg gewesen.

Zurück zu Ihren langjährigen Freundschaften.
Wenn ich mich mit meinen Freundinnen treffe, fühle ich Herzenswärme und Herzensbildung, innere Anmut, Verständnis und die uneingeschränkte Bereitschaft, der anderen in jeder Lage beizustehen, komme, was da wolle. Und zugleich betrübt mich das, weil ich

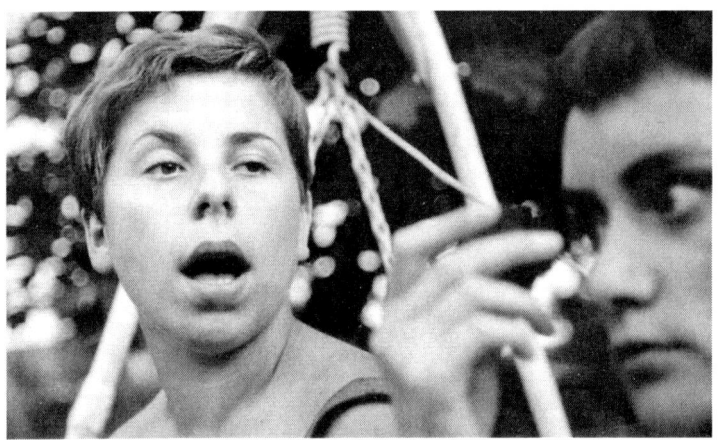

Claudia Herzfeld (l.) und Sabine Wendland, genannt Bine (r.), die alle Kerle kriegte, die sie wollte

spüre, dass diese Haltung in anderen Beziehungen fehlt. Da geht es oft um das Auto, das man fährt, und in welchem Golfclub man angemeldet ist, wo man Urlaub macht oder am gewinnträchtigsten Geld anlegt.

Mein Haus, meine Yacht, mein Pferd ...
Genau. Es geht um »Werte«. Aber tatsächliche Werte, die das Leben in Wahrheit ausmachen, werden so entwertet. Was juckt es mich, dass das Auto des Nachbarn über 100.000 € gekostet hat! – er soll mich nur freundlich grüßen. Und wenn er das nicht tut, was der Fall war, dann ist er für mich gestorben. Mich interessieren weder belanglose Smalltalks noch ein Austausch über den jüngsten Friseurbesuch: Das hat keinen Wert und klaut mir nur Lebenszeit, die immer kostbarer wird, je weniger davon noch vorhanden ist.

Für mich sind wahre Freundschaften ein Geschenk.

Wie viele haben Sie aus der Jugendzeit?
Drei. Neben Renate und Bine gibt es noch Annettchen aus Hamburg. Die habe ich im Zug kennengelernt. Vorm Mauerbau.

Erzählen Sie mal.
Ich fuhr als Sechzehnjährige zu meiner Schwester Katharina und deren Mann nach Hamburg. Von Dresden nach Berlin-Ostbahnhof, von da mit der S-Bahn nach Bahnhof Zoo in Westberlin. Dort wurde der Interzonenzug eingesetzt, wie die damals hießen. Mir gegenüber nahm eine Zuckerpuppe Platz, die sich zuvor sehr intensiv von einem jungen Mann verabschiedet hatte. Ich bin ja Sächsin, und die holen, sobald der Zug rollt, die Bemmen und ihre Geschichten raus. Wir kamen sofort ins Gespräch, und obgleich wir grundverschieden waren, wie sich zeigte, stimmte die Chemie auf Anhieb. Wenn bei mir die Wogen der Erregung hoch schlugen, blieb sie ruhig. Sie war/ist sehr sachlich, ich bin bauchgesteuert. Am Ende der Fahrt tauschten wir die Adressen, dann Briefe, später Pakete. Annettchen wurde verbeamtet und arbeitete in Hamburg in irgendeiner Behörde, heiratete, kriegte Kinder – und kam mich regelmäßig in der DDR besuchen. Meißner Porzellan als Geschenk für sie? Um Gottes willen! Die Wessis waren doch alle feige und fürchteten sich, etwas halbwegs Wertvolles über die Grenze zu schleppen. Ohne Annettes Wissen habe ich mitunter ein Meißner Näppel oder eine Marcolini-Tasse in Zeitungspapier eingeschlagen und heimlich in ihre Handtasche oder den Koffer gesteckt. Und wenn sie das

illegale Mitbringel in Hamburg entdeckte, fiel sie nachträglich bei der Vorstellung in Ohnmacht, was ihr alles hätte widerfahren können, wenn es die DDR-Grenzer bei der Kontrolle gefunden hätten …

Unsere Freundschaft besteht nun seit fast sechs Jahrzehnten.

Es heißt, die Freundschaften im Osten seien von anderer Natur gewesen.

Das fragen Sie mich? Sie haben doch auch hier gelebt.

Ich rede ja nicht mit mir, sondern mit Ihnen.

Natürlich war der Umgang ein anderer. Auch Rolf Reuter pflegte aktive Schulfreundschaften, an denen ich partizipiert habe. Es war ein intensives geistiges wie seelisches Miteinander.

Eine »Freundschaft im Graben«, wie es im Westen nach 1990 hieß, eine Solidargemeinschaft in der Not?

Quatsch. Nicht der Mangel hat die Leute zusammengeschweißt, sondern das Wissen, dass der Mensch ein Gemeinschaftswesen ist. Helfe ich dir – hilfst du mir, das war Denk- und Handlungsmaxime. Helfen und tauschen: Ich brauche Hühnerfutter, biete gespundete Bretter. Wer mäht meine Wiese, das Heu kann behalten werden …

Mein damaliger Lektor bekam in seiner Autowerkstatt nur schwer einen Termin. Als sein Verlag Karl May edierte, verbesserte sich schlagartig seine Ausgangslage:

Der Chef der Werkstatt war ein Karl-May-Fan. Oder wenn einer seinen Bungalow B 34 aufbaute, half seine Brigade unentgeltlich und feierte anschließend ein Fest. Es war nicht üblich, dass für jeden Hammerschlag und jede Handreichung Bakschisch gezahlt werden musste.

Die denunziatorisch bezeichnete »Notgemeinschaft« ist eine Unterstellung: Weil die Wessis nur ihre eigenen Umgangsformen kannten und sich nicht vorstellen konnten, dass es auch ein solidarisches und nichtmonitäres Miteinander geben kann, musste natürlich äußerer Zwang existieren, der die Menschen in der DDR zusammengeführt hatte. Die Ossis scannten sich, auch wenn es damals noch keine Scanner gab. Man kann auch »mustern« dazu sagen, aber das hat schon wieder so einen bedenklichen Beigeschmack.

Sie erkannten sich.

Genau. Nach wenigen Sätzen wusste man, mit wem man es zu tun hat. Das funktioniert sogar heute noch. Und sogar bei jenen, die gerade mal noch so in der DDR geboren wurden.

Das kann ich bestätigen. Mein Jüngster, Jahrgang 1987, hat in Hannover studiert. Er sagte, dass es keine zwei Wochen gedauert habe, da hätten sich die Ossis auf dem Campus gefunden. Als hätten sie sich gerochen.

Es sind die andere Sprache und Denke. Vor 25 Jahren hätte ich diese Überlegungen noch abgetan, solche Pauschaleinschätzungen zurückgewiesen. Erklärt, dass die Ossis sich mal nicht so haben sollten. Sie sind nicht anders, sondern wie alle anderen auch Deutsche. Und sie sollten besser das Einende betonen statt die Unterschiede herauszustellen. Das sehe ich heute anders. Ich hätte nie gedacht, das ich jemals die DDR verteidigen würde. Was war daran schlecht, wenn eine Frauenbrigade für sieben Mark in die Oper gehen konnte?

Männer zahlten auch nicht mehr.
Ja klar. Ich wollte jetzt mehr die Emazipation herausstellen. Es kamen wirklich ganze Frauenbrigaden in Konzerte meines Mannes. Natürlich auch in andere Aufführungen. Die Leute hatten weder Schwellenangst noch war der Eintritt so unverschämt teuer, dass eine Kneipenabend billiger gekommen wäre. Lebensmittel wurden grundsätzlich subventioniert. Auch Kultur war ein unverzichtbares Lebensmittel.

Das habe einer Verproletarisierung der Hochkultur vorschub geleistet, hieß es später tadelnd.
Das ist ja nun völliger Quatsch. Möglicherweise lag Lenin mit seiner utopischen Annahme von der Köchin, die den Staat regieren könne, neben der Spur. Aber dass eine einfache Köchin auch der Kultur teilhaftig werden sollte, halte ich für richtig und auch zwingend. Kultur, zumal Hochkultur, ist nicht ausschließlich was für eine elitäre Clique, die von Kulturgöttern zerstreut und bespaßt werden. Darum fördert beispielsweise unsere Akademie Hochbegabte, die eben nicht aus vermögenden Kreisen kommen und selbst beim Kauf von Musikinstrumenten Unterstützung brauchen. Kunst und Kultur

ist für alle da, ist gewissermaßen Volkseigentum und nicht Privatbesitz, an dem nur Menschen teilhaben dürfen, die es sich leisten können.

O, das war ein schönes Pläydoyer.
Nicht wahr. Manchmal reißt es mich einfach in meinen Gedanken fort … Die Verproletarisierung, die Entbürgerlichung der DDR ist ein billiges Klischee. Da schwingt die Unterstellung mit, die Musen seien entweiht und die Kunst in die Gosse gestoßen worden. Die Heiligtümer der Hochkultur wurden gleichsam geschändet, pfui Deibel.

Natürlich existierte auch in der DDR ein Bildungsbürgertum. Ich komme aus Dresden und, mit Verlaub, ich rechne mich dazu. Was es nicht gab: ein abgehobenes Großbürgertum. Das war in der Tat verzichtbar.

Ich hatte mal eine Haushaltshilfe. Die war jenseits der Dreißig, ein ehemaliges Heimkind, das nicht deshalb dort untergebracht worden war, weil die Eltern tot oder in den Westen gegangen waren. Die waren asozial. Als sie schwanger wurde, sagte sie – unser Familienleben vor Augen –, sie möchte auch so mit ihren Kindern singen, wie wir es mit unseren zu halten pflegen. Ich möchte ihr bitte drei Kinder- und drei Weihnachtslieder beibringen.

Nun heißt es zwar, dass es keine unmusikalischen Menschen gebe, doch sie widersprach dieser Annahme zu hundert Prozent. Die Frau konnte keinen Ton nachsingen. Ich habe ihr dennoch bis zu ihrer Niederkunft zwei Mal in der Woche Unterricht erteilt. Das hat mich sehr beeindruckt.

Dass sie nicht singen konnte?

Nein. Ihr nachhaltiges Bemühen, sich Kultur anzueignen. Und die Frau kam nun wirklich von ganz, ganz unten. Womit ich sagen will: Allen Menschen müssen die gleichen Chancen erhalten, Kultur zu erfahren und zu erleben – Hochmut und Standesdünkel haben in den zwischenmenschlichen Beziehungen nichts verloren.

Es gibt auch noch eine andere Begebenheit, die mich an diese rührend bemühte und engagierte Frau erinnert.

Die will ich jetzt hören.

Die Geschichte ist etwas albern, dennoch bezeichnend, weil sie zeigt, wie aufmerksam Menschen auf ihre Umwelt reagieren und zu welchen Schlüssen das führen kann. Also, in DDR-Geschäften gab es mitunter Exportrückläufe. Es handelte sich um Waren, deren Annahme aus unterschiedlichen Gründen – meist wegen monierter Qualität – von den Importeuren abgelehnt wurde. Die Konsumgüter wurden dann in den hiesigen Handel eingespeist. So auch einmal Frotteeschlüpfer, die sich von der Masse der in der DDR angebotenen Unterhosen auch dadurch unterschieden, dass sie in sieben verschiedenen Farben angeboten wurden, und auf jeder Hose stand ein Wochentag. Ein Gag. Mir war das wurscht, ich achtete nicht darauf, an welchem Tag ich welche Hose trug. Im Unterschied zu der Haushaltshilfe. Das gehe so nicht, Frau Reuter, sagte sie vorwurfsvoll.

Wieso nicht?

Darauf sie: ›Stellen Sie sich vor, Sie haben am Donnerstag einen Unfall und kommen ins Krankenhaus, und dort sieht man, dass sie den Montags-Slip tragen – das macht keinen guten Eindruck.‹

Ein überzeugendes Argument.
Nicht wahr. In ihren Augen war der Eindruck, den man auf andere machte, essentiell.

Freundschaft, um diesen Gedanken noch einmal aufzugreifen, ist frei von Berechnung und Kalkül.
So ist es. Genau das.

Die Offenheit, mit der ich anderen begegne, erwarte ich auch von denen.
Das ist aber heute nicht immer der Fall.

Genau das ist der Punkt. Es ist meist Kalkül mit im Spiel: Was bringt mir dieser Kontakt? Welchen Nutzen ziehe ich aus der Verbindung? Diese Art von Berechnung finde schrecklich.
Deshalb gehe ich auch nicht zu den Schwatzrunden und Dinnerpartys, für die ich regelmäßig Einladungen zugeschickt bekomme. Die interessieren mich nicht.

Aber als »der General« noch lebte, war deren Zahl vermutlich noch größer als heute. Mit dem Schwinden der Bedeutung fällt auch der Nutzwert einer Beziehung.
Als mein Mann starb, fielen die Maden vom Speck.

Apropos Speck: Ich will noch mal zu Annette zurück, der lila gewandeten Freundin mit der lila Schokolade im

Zug. Da sagten Sie: Sobald der Sachse sitzt, holt er die Bemme raus aus Furcht, ihn könnte bis zum Reiseziel, egal, wie nah oder fern, der Hungertod ereilen. Glauben Sie wirklich, dass das ein Alleinstellungsmerkmal der Sachsen ist? Auch andere Landsmannschaften pellen sich gekochte Eier in der Bahn.

Bei den Sachsen ist das besonders ausgeprägt, ich schwör's. Ich kenne meine Pappenheimer. Als Studentin hatte ich immer Hunger, gut, das ist die eine Seite, aber eine Zugfahrt für uns Studenten von Leipzig nach Dresden war zudem ein echtes Abenteuer. Der Zug war stets überfüllt, wenn er reinkam, weshalb mancher Kommilitone sich durch das offene Fenster zwängte und drinnen freigewordene Plätze belegte. Dann fuhr die Bahn zudem eingleisig, die anderen Gleise waren nach dem Krieg in die Sowjetunion abtransportiert worden. Da erklärte doch vor einem Jahr so ein Klugscheißer: Die Amerikaner haben die Reparationen an die Sowjetunion gezahlt. Das sagte ich, dass er da etwas verwechsle: Wir haben für euch Westdeutsche die ganze Scheiße mitbezahlt.

Ts, ts, ts, Contenance ...

Es gibt Reizworte, da vergesse ich meine sehr, sehr gute Kinderstube ... Also die Bahnfahrt von Leipzig nach Dresden. Hatte man das Pech und die letzte Vorlesung am Freitag, musste man die Bahn über Döbeln nehmen. Da brauchte man sechs Stunden. Romantisch wurde es, wenn im Zug der Strom ausfiel. Wir hatten für solche Fälle immer eine Kerze dabei.

Warum erzähl ich Ihnen das? Um auf unsere Reisebekanntschaften zu kommen. Wir kannten schon bald die Bauarbeiter aus Dresden, die in Rostock auf Montage waren. Berlin kam erst in den siebziger Jahren, in den sechzigern baute die Republik in Lütten Klein, nachdem die Lange Straße stand. Die Bauarbeiter fuhren am Montagmorgen an die Küste, und am Freitag kehrten sie übers Wochenende nach Hause zurück. Sie waren immer bestens versorgt und holten für uns hungrige Studenten ihre Bemmen und kalten Schnitzel raus. Und dann quatschte man bis Dresden-Neustadt und wusste alles von ihnen: Der eine hatte Eheprobleme, der andere war gerade Vater geworden, der Polier litt unter dem fehlenden Baumaterial … Und am Montag setzte man das Gespräch fort. Mit den Bemmen der Hausfrauen von daheim. Die waren natürlich besser als die am Freitag, die sich die Männer selbst geschmiert hatten. So, wie sie eine Ziegelwand hochzogen, zack, zack, zack und eine dicke Scheibe Wurst dazwischen.

Diese Bahnfahrten hinterließen bei mir bleibende Eindrücke.

Die Bauarbeiter waren Teil der vorgeblich herrschenden Klasse. Sie wurden idealisiert in der Politik, in den Medien, die DDR nannte sich Staat der Arbeiter und Bauern. Welches Bild gewannen Sie von der Arbeiterklasse, deren Bemmen Sie in der Bahn verzehrten?

Es waren sehr nachdenkliche, ehrliche Leute, die ihren Beruf liebten und ein bemerkenswertes Arbeitsethos besaßen. Deshalb störte sie es, wenn zum Beispiel

Baumaterial fehlte oder sie den Pfusch anderer auszubügeln hatten. Diese Haltung hat mich als Studentin sehr geprägt.

Das waren Menschen, in deren Kreisen Sie gemeinhin nicht verkehrten.

So würde ich das nicht sagen. Natürlich lebte ich nicht in einem proletarischen Haushalt. Aber wir existierten darum nicht in einem Turm und außerhalb der Welt. Im Hause wurde nicht unterschieden zwischen Niederen und Höheren, da saßen die Angestellten gleichberechtigt bei uns mit am Tisch. Mein Vater war im Grunde ein idealistischer, humanistischer Sozialist, der kannte keine Klassenschranken. Er wurde beim Mittagessen nur dann etwas deutlicher, wenn Frau Teuschert, die Reinigungskraft, wieder einmal das nahende Ende der Menschheit prophezeite. Sie war bei den Zeugen Jehovas, was meinen Vater nur dann störte, wenn sie die Runde agitierte. ›Frau Teuschert, Sie wissen, dass ich Christ bin, darum sehe ich das etwas anders. Wir wollen das Thema wechseln.‹

Das sagte er aber nicht herablassend oder gar hochmütig, nein. ›Wir wollen das Thema wechseln.‹ Sachlich, ruhig, durchaus mit Verständnis. Teuscherts Mann hatte zehn Jahre bei den Nazis als Jehova-Jünger gesessen, auch ihre Söhne waren inhaftiert worden.

Ich fand darum auch die soziale Durchmischung in den DDR-Mietshäusern gut. Da lebte der Professor Tür an Tür mit der Straßenbahnfahrerin, die Lehrerin neben dem Handwerker, der Bauarbeiter auf einer Etage mit einem Arzt oder einer Schauspielerin. Das gibt es heute nicht mehr. Da entscheidet das Gehalt, wer wo einzieht. Es findet eine soziale Trennung in den Häusern, Straßen und Wohngebieten statt. In den sogenannten sozialen Brennpunkten lebt keine Familie aus der Mittelschicht. Sie ziehen weg, bevor es zu spät ist.

Die Wohnungsbaupolitik der Bundesrepublik hat diese soziale Parzellierung noch befördert, indem das Eigenheim oder das Reihenhaus als Ausdruck höchster Freiheit und als Ideal gepriesen wurde. Dass damit die Vereinzelung vorangetrieben, Landschaft zersiedelt und unsinniger Verkehr – forciert durch die Pendlerpauschale und das Dienstwagenprivileg – geschaffen wurde, interessiert erst jetzt, nach Jahrzehnten. Ganz zu schweigen von den Schadstoffemissionen der individuellen Heizungsanlagen. Da hat doch jeder einen Gas- oder Öltank hinterm Haus, der wiederum von einer Flotte an Tanklastern befüllt werden muss … Eine Kette ohne Ende.

Essen und reden: die Deutsche Reichsbahn als Ort sozialer Kommunikation.

Als ich zur Beisetzung meines Bruders in den Westen fuhr, wir sprachen bereits darüber, saß eine Rentnerin in unserem Abteil, die immer nervöser wurde, je näher wir der Grenze kamen. Da ich nichts Bedenkliches in meinem Koffer hatte und ich es riskieren konnte, intensiv kontrolliert zu werden, zog ich die ganze Aufmerksamkeit der Genossen vom Zoll und der Passkontrolle auf mich, indem ich sie zutextete. Das kann ich ja.

Nachdem wir die Grenze passiert hatten, erkundigte ich mich bei der alten Dame, was sie denn so Gefährliches in ihrem Gepäck habe, dass sie derart nervös gewesen sei.

Man wisse doch nie, was man den Verwandten im Westen mitnehmen soll, um ihnen eine Freude zu machen, sagte sie, die haben doch schon alles. Und dann offenbarte sie: »Ich habe lebende Karpfen im Koffer.«

Und tatsächlich: Sie hatte im Gepäck Fische, die in mit Wasser gefüllten Plastikbeuteln steckten. Zu behaupten, dass sie drin schwammen, wäre ein wenig übertrieben, so groß waren die portablen Behälter nicht, aber die Karpfen wirkten munterer als die Rentnerin.

Hübsche Geschichte. Wenn man die Szene in einem Film einbauen würde, hieß es bestimmt: Klamotte, weil realitätsfremd.

Nee, das habe ich mir doch nicht ausgedacht.

Weiß ich doch. – In Ihren Erzählungen tauchen immer wieder solche Begriffe auf wie Herzensgüte, Herzenswärme, Herzenszuneigung.

Weil's die kaum noch gibt, Mensch! Weil keiner mehr weiß, was das ist.

Hat das etwas mit den Herzfeld-Wurzeln zu tun?

Kann schon sein. Ich glaube – ich kann das nicht mit Wissen behaupten –, dass in meinem Denken, in der Sprache, selbst in der Körpersprache sich meine jüdische Herkunft niederschlägt, dass sie spürbar ist.

Woran spürt man das? Was ist das »jüdische Element«?

Ich kann dieses Gefühl nicht verbalisieren … Da oben im Regal steht ein Buch von dem Ratzinger, der mal Papst war. Darin geht es um Jesus. Seinetwegen habe ich mich mit der Kirche entzweit. Ich bin eine ganz miserable Christin.

Aber Sie sind eine.
Ja. Also mehr eine Calvinistin.

Und worin bestand nun der Dissens?
Ich halte Jesus für einen großen, bedeutenden Menschen, aber nicht für Gottes Sohn.

Ja und, wo liegt da das Problem?
Weiß ich nicht. Jedenfalls widersprich das dem kirchlichen Dogma.

Verstehe. Das aber sind doch zwei verschiedene Paar Schuhe – das eine ist die Institution Kirche und das andere der subjektive Glaube. Man kann an eine göttliche Idee glauben, ohne in die Kirche zu gehen und Kirchensteuer zu zahlen.
Das ist es wohl. Darüber habe ich mich oft mit meinem Pfarrer, Domprediger Martin Beer, gestritten. Streit ist etwas sehr Belebendes. Beer war ein wunderbarer Mensch, leider mit sechzig Jahren 2011 verstorben. Schwul. Den hat die Amtskirche deshalb als Domprediger – wie sagten Sie mal – »abgeschossen«.

*Domprediger Martin Beer und Sophia Reuter, 2006.
Die Funktion des Berliner Dompredigers weckte nach der
»Wende« gewisse Begehrlichkeiten*

*Ich erinnere mich an den Vorgang. Er sei, meldete der
Boulevard bei seiner Absetzung im Januar 2000, »Pro-
minentenprediger« gewesen, der Kontakte in politische
und adlige Kreise gepflegt habe, besonders zum Haus
Hohenzollern. Zwei Mal habe ihn Papst Johannes Paul
II. in Privataudienz empfangen. Und auch Kanzler Kohl
und Bundespräsident Herzog hätten auf gutem Fuß mit
Beer gestanden. Sie also auch.*

Nicht weil ich prominent war, sondern weil wir beide aus Sachsen kamen. Es wurde wie bei Rolf Reuter eine Hexenjagd gegen Beer organisiert, und die wirksamste Waffe war wie immer eine Stasiakte. Martin Beer soll IM »Maria« gewesen sein, wie lustig. Angeblich weil er sich in seiner Diplomarbeit an der Uni Greifswald mit Jesus' Mutter Maria beschäftigt hatte.

Beer war meines Wissens evangelisch.
Na klar. Aber die evangelischen Theologen haben sich natürlich auch mit der katholischen Dogmatik befasst. Und er hatte dazu wissenschaftlich gearbeitet.

Beer hat uns 1995 im Berliner Dom getraut, also die Silberhochzeit vorgenommen. Weil unsere Trauung in Leipzig 1970 so profan gewesen war, hatte ich Reuter damals das Versprechen abgetrotzt, dass wir bei der Silberhochzeit mit einer achtspännigen Kutsche vorfahren. Er hatte zugestimmt, war ja noch lange hin. Als es aber soweit war, hat er gekniffen. ›Nee, ich fahr doch nicht mit einer Kutsche durch Berlin! Du kannst allein fahren, ich komme nach.‹ Es gab großen Streit, ich schließ-

Silberbraut mit verdecktem Silberbräutigam und Töchtern vorm Berliner Dom, 1995

lich nach. Wir fuhren also mit dem Auto zum Dom. Und als wir aus der Kirche traten, was stand dort? Eine weiße Kutsche mit zwei Pferden, die unsere Töchter bestellt hatten.

Und weshalb wollen Sie sich die letzte Ölung von einem katholischen Priester geben lassen, obgleich Sie doch evangelisch getauft sind.
    Hatte ich Ihnen das schon mal erzählt? Stimmt nämlich. Das habe ich testamentarisch verfügt.
    Warum von einem Katholiken? Die katholischen Sterbesakramente halte ich für allerhöchste Kultur. Ich will mit Kultur abgehen und nicht evangelisch-nüchtern. Während des Studiums wollte ich schon mal zu den Katholiken konvertieren. Ich hatte wunderbare Gespräche mit einem Pater.

Aha, wegen eines Mannes, der dem Zölibat unterlag.
    Nee, nicht wegen ihm, sondern wegen des Trostes und der Gewissheit, wegen Vergebung und Nachsicht, die die katholische Kirche überzeugend vermittelte.

Und wegen des Instituts der Beichte, das die evangelische Kirche auch nicht kennt. Lothar de Maizière, Hugenotte und Christ, erzählte mir mal, dass er den spanischen Botschafter gefragt habe, als der Furor durch die ostdeutsche Landschaft tobte, wie die Spanier nach dem Sturz der Franco-Diktatur es geschafft hätten, die gespaltene Gesellschaft miteinander zu versöhnen und keine neuen Gräben aufzureißen. Darauf habe ihm der Diplomat ganz undi-

plomatisch geantwortet: »Wir sind Katholiken. Der moralische Rigorismus, diese Erbarmungslosigkeit, diese sauertöpfische Miesepetrigkeit der ostdeutschen Pastoren, die als Bürgerbewegte jetzt das Sagen haben, kennen wir nicht. Spanien hat 1834 die Inquisition abgeschafft …«

Richtig. Es war aber nicht die Beichte, weshalb ich diesen Gedanken hatte. Ich saß mal mit einem Pater an einem Sterbebett, und es berührte mich sehr, wie er dem Sterbenden die Last nahm, die dieser verspürte, weil er noch so vieles meinte regeln zu müssen. Dieser ganze irdische Quark, der Besitz, die Verpflichtungen, die liegengebliebenen Aufgaben bedrückten ihn außerordentlich und hielten ihn fest, er konnte einfach nicht gehen. Eine absurde Lage, die gewiss nicht einmalig war. Und dieser katholische Glaubensmann nahm dem Sterbenden den Druck. Das meine ich mit Trost und Gewissheit: Die Gewissheit, das es nichts Unerledigtes gibt, dass das alles nur subjektive Imagination ist. So möchte auch ich loslassen können.

Glaube ist doch auch etwas Naives. Und ich stehe zu meiner Naivität. Sie werden es bei mir nicht vermuten: Ich bete jeden Abend, was meine Kinder amüsiert. Ich bete ganz kindlich für die Lebenden und die Toten.

Sie gehen aber nicht in die Kirche?

Nein. Ich hatte ein Schlüsselerlebnis, das können Sie auch gern in das Schubfach »Naivität« einsortieren, aber was kann man schon gegen sein Unterbewusstsein tun.

Als meine Mutter 1988 gestorben war und ihr Sarg in der Friedhofskapelle stand, habe ich ihn noch einmal öffnen lassen. Zum ersten Mal im Leben hatte ich richtige Angst. So lange diese starke Frau lebte, fürchtete ich mich nie: nicht in der Schweiz, nicht in der Schule und erst recht nicht in Leipzig, wo es während des Studiums viel Ärger gab. »Ich fürchte mich«, sprach ich leise zu ihr am Sarg und dachte: »Stehe auf und wandle.« Aber das passierte natürlich nicht, das göttliche Wunder blieb aus.

Wie alt waren Sie da?
45. – Und weil der liebe Gott mir die Erfüllung meines Wunsches, meines Hilferufs, versagte, nahm ich nie wieder am Abendmahl oder dergleichen teil.

Das ist aber nun wirklich nicht von dieser Welt.
Ich sagte Ihnen ja, dass mein Glaube naiv ist. Andererseits empfand ich es durchaus als Gnade, dass mein Mann seine letzten Monate und Jahre nicht als hilfloser Greis im Rollstuhl verdämmern musste. Sein Geist blieb bis zur letzten Sekunde unversehrt. Er blieb wach und ohne jede Einschränkung. Es ging sehr schnell zu Ende mit ihm. Dafür bin ich dem da oben dankbar.

Brauchen Sie Ihren Glauben als Rettungsring?
Irgendwie schon. Aber nicht in dem Sinne, dass er mich getröstet oder Halt gegeben hätte. Ich bin wahrscheinlich zu intellektuell, um eine demütige Christin zu sein, die auf derlei Beistand angewiesen ist.
Rettungsring im Sinne von Trost und Gewissheit, die mich bei meinem Abgang begleiten sollen. Das vielleicht.

Gleichklang der Seelen

Sie und Ihr Mann kamen aus Dresden. Spielte das zwischen Ihnen eine Rolle.

Natürlich. Er sagte: Du kommst aus Pieschen – wobei er das i so lang dehnte, als wäre es breiter als die Elbe –, und ich komme aus dem Schweizer Viertel. Das eine war das ärmste Quartier in der Stadt, das andere eine gehobene Villengegend. Dort wohnten Ärzte, Rechtsanwälte, Wissenschaftler und Architekten, also Oberschicht.

Das meinte er nicht im Ernst?

Natürlich nicht, das war Frotzelei. Ach, Liebster, antwortete ich dann, die Schwester deiner Großmutter steht nackt am Hauptbahnhof. So etwas gab es in meiner Familie nicht.

Wie ist das nun wieder zu verstehen?

Nun ja, Omas Schwester stand Dresdner Künstlern Modell. Und für den Bildhauer, der diese wundervolle nackerte Frauenfigur für den Dresdner Hauptbahnhof schuf, lieferte sie die Vorlage, was nachgewiesen ist. Da gab es diese köstliche Begebenheit, wonach Reuter zu seiner Schwester Ulla gemeint habe, die Frau sei eine Hure gewesen, worauf Ulla heulend zum Vater gerannt sei und diesen gefragt habe, ob diese Ungeheuerlichkeit zuträfe. Und Fritz Reuter soll geantwortet haben: »Nu eher als ni«, was also hieß, dass es wohl zuträfe. Die Frau, die einen dunklen Fleck in der gutbürgerlichen Familiengeschichte darstellte, soll in Kairo verschollen sein. Aber vielleicht war das nur erfunden, um weitere Nachfragen auszuschließen. Von wem auch immer.

Das, finde ich, ist doch eine amüsante Anekdote. Wer kann schon von sich behaupten, dass ein Familienmitglied nackt am Bahnhof steht?

Reuter war immer für eine Pointe gut. 2004 schrieb er mir zu meinem Geburtstag, hier ist die Karte: »Liebstes Weib, das Erste, womit Du mir imponiertest, war Deine Liebe zu Griechenland. Es einte uns am Anfang Hölderlins ›Das Land der Griechen mit der Seele suchen‹. Da ich nun, wie es sich für einen Homer Verehrenden gehört, weder Geld noch Gold habe, welches ich Dir zu Deinem Geburtstag in den Schoß legen könnte, so nimm bitte die zweisprachige ›Ilias‹ gnädig an. Und zu unserem Hochzeitstage sage ich Dir voll Dankbarkeit: Es war die gescheiteste Tat meines Lebens, Dich geheiratet zu haben. Immer, Dein Mann.«

Sehr schön. Und nun die Pointe.

Wir waren, wieder einmal, 2006 in Wustrow. Es sollte unser letzter gemeinsamer Urlaub werden, was uns natürlich nicht bewusst war. Wir haben uns wechselseitig, weil Fernsehen nicht in Frage kam, Homer vorgelesen. Er an dem einen Abend, ich am anderen. Manchmal hat er die »Ilias« auf Griechisch vorgetragen, aber das hab ich nicht verstanden, also ging's dann wieder auf Deutsch weiter.

Wenn ich jedoch las, lachte er sich schief: »Ich wusste gar nicht, dass die ›Ilias‹ so lustig ist«, sagte er.

Er amüsierte sich über Ihre Art des Vortrags?
Genau. Allerdings war das nicht meine Absicht, mir war der Vortrag bierernst.

Oder wenn ich nach einem Konzert in sein Dirigentenzimmer eilte, und das machte ich jedes Mal, um ihm zu sagen: Die Aufführung war heute besonders schön! Da schüttelte er den Kopf und sagte: »Haste nicht gehört, wie die zweiten Geigen geklappert haben?« Oder: »Haste nicht gehört, dass die Oboe jedesmal zu spät einsetzte« oder dergleichen.

Ich beschwichtigte ihn dann: »Rolf, wie kannst du nur so reden?«

Rolf & Claudia Reuter, Tochter Sophia in der Mitte, 1985

Nach dem Kozert saß er im Esszimmer und verzehrte sein Abendmahl, und ich fragte ihn: »Du hast dich an der und der Stelle zu mir umgedreht. Warum?«

»Weil ich wusste, was du an dieser Stelle gedacht hast.«

Das nennt man Gleichklang der Seelen.

Für mich war das – obwohl dieser Begriff heute ein wenig überstrapaziert ist – Magie. In der »Verkauften Braut« von Smetana gibt es dieses wunderbare Liebesduett im zweiten Akt »Ich weiß euch einen lieben Schatz«, da dirigierte er eigentlich nach hinten: Er schlug vorn und sah nach mir.

Oder in Verdis »Troubadour«, dritter Akt, zweites Bild. Manrico im Kerker, Leonora hat Gift genommen und bricht sterbend zusammen. Reuter hat mir die Stelle genau erklärt. Das Orchester macht taram, taram, taram, und sie singen »Liebster, hörst du mich?« und »Leonora!« –, die Musik nimmt dieses Auslaufen des Herzschlages auf. »Hörst du mich, Liebster«. Und Reuter drehte sich um … Als uns dies zum ersten Mal widerfuhr, hörte ich auf, ihn »Herr General« zu nennen.

Ich glaube, darüber sprachen Sie schon mal. Jetzt provoziert es mich zu der legitimen Frage: Ist das den Leuten nicht aufgefallen? Haben die Musiker im Orchester nicht protestiert?

Nein, sie wussten doch, wem der Blick galt. Warum sollten sie daran Anstoß nehmen?

Übrigens, das Verhältnis meiner Eltern war mindestens ebenso innig. Da drüben, im Schreibtisch meiner

Mutter, liegt die Korrespondenz mit ihrem Verlobten, ihrem späteren Mann, meinem Vater: Sie in der Schweiz, er in Dresden. Die Briefe sind von 1921/22. Ich habe nur ein einziges Mal, und zwar nach dem Tod meiner Mutter 1988, einen dieser Briefe gelesen, ihn danach wieder zu den anderen gelegt und nie wieder einen davon in die Hand genommen. Das Schubfach ist noch so gepackt, wie sie in Dresden die Briefe selbst verstaut hat.

Warum haben Sie diese Liebesbriefe nie gelesen?
Weil ich das Gefühl hatte, mich als Fremde in diese intime Beziehung hineinzudrängen. Dieser Brief – und ich vermute, dass sie alle so sind – war derart anrührend, voller Sehnsucht und Zärtlichkeit, dass ich mich wie ein Voyeur fühlte. Wie durch mich selbst ertappt.

Warum haben Sie die Briefe überhaupt aufgehoben?
Sie wurden von meiner Mutter aufbewahrt, weil sie ihr sehr wichtig waren.

Ich frage Sie, nicht Ihre Mutter.
Ich weiß es nicht. Vielleicht arbeiten meine Kinder nach meinem Tode diese Korrespondenz auf. Das sind Hinterlassenschaften ihrer Großeltern, die die Kinder als Paar nicht erlebt haben. Das ist weit weg. Da wird das Herz nicht so flattern, wie es bei mir der Fall war.

Und was ist das da?
Das Klingelschild von unserem Haus in Dresden.

Rolf Reuter und Tochter Agnes, 2007

Wer hat das abgeschraubt? Sie?
 Nein, wahrscheinlich einer meiner Brüder.

Und das hier?
 Alte Poesiealben aus meiner Familie.

»*Friederizia Papstein, Altenburg, 4. August 1798.*«
Unglaublich. Schneeberg, 17. Mai 1803 … Johanngeorgenstadt, 17. Mai 1799 … Und diese Seidenstickereien. Eigentlich müsste man sie mit Samthandschuhen anfassen. Und was ist das dort?

Das ist das Tagebuch meines Vaters aus dem Ersten Weltkrieg, Cambrai. Das kann ich noch lesen. Die späte Handschrift meines Vaters war für mich unleserlich.

Wahnsinn. Wie sind Sie an alle diese bibliophilen Kostbarkeiten und Kunstwerke gekommen?

Geerbt natürlich. Nach dem Tod meiner Mutter saßen wir Geschwister zusammen, und es gab keinen Streit. Wir haben uns ohne Anwalt geeinigt.

Im Jahr nach dem Urlaub in Wustrow, als Sie sich die »Ilias« von Homer vorlasen, der Krebs war bei ihrem Mann bereits festgestellt, wetzte ein SPD-Hinterbänkler aus dem Berliner Abgeordnetenhaus das Messer, indem er die Nachricht lancierte, dass Reuter »sich unter Rechtsextremisten tummele«. Die taz *titelte am 26. Juli 2007 vermeintlich witzig: »SPD bläst Dirigenten den Marsch«. Jener Abgeordnete forderte, dem Ehrenmitglied der Komischen Oper das Bundesverdienstkreuz abzuerkennen. Und die Chefin der Senatskanzlei, ebenfalls SPD, hatte sich an das Bundespräsidialamt, zuständig für die Vergabe des Verdienstkreuzes, mit der Bitte gewandt, die Vergabepraxis generell zu überprüfen.*

Der Leberkrebs, der sich aus einer Leberzirrhose – als Folge einer unerkannten Hepatitis – über Jahre entwickelt hate, explodierte nun durch die öffentliche Hetzjagd. Nachdem die Welle losgetreten, maschierten die Medien vor unserem Haus im Iderfenngraben auf. Reuter trat vor sie hin und sagte, er gebe keine Interviews. Ihm Antisemitismus vorzuwerfen, sei geradezu absurd, er sei mit einer Jüdin verheiratet. Drehte sich um und kam wieder ins Haus zurück.

Wir beide fanden die Vorhaltungen lächerlich, wir unterschätzten aber die Wucht der medialen Hetze, an der sich alle wesentlichen Blätter des Landes beteiligten. Die Diffamierungskampagne drehte hoch, nun erst nahm sich Rolf zwei Anwälte. Ehemalige Schüler wie etwa Vladimir Jurowski, Musiker und Kollegen aus Israel, den USA, Deutschland und anderen Staaten nahmen Reuter in Schutz.

Am 2. September brachte ich Reuter zum Sterben in die Klinik. Fünf Tage später konnte er befriedigt die *dpa*-Nachricht in einigen Zeitungen lesen, dass ein Sprecher des Bundespräsidialamtes erklärt habe, dass »die Voraussetzungen für ein Verfahren zum Entzug des Ordens nicht gegeben seien«. Das war ein Freispruch zweiter Klasse. Aber immerhin.

Und: »Die Berliner Opernstiftung will Anfang Oktober entscheiden, ob Reuter Ehrenmitglied der Komischen Oper bleibt.« Das erledigte sich: Der Geschmähte starb am 10. September.

Hat sich jemand bei ihm oder bei Ihnen entschuldigt? Es war unstreitig, dass er bei der als rechtsextrem eingeschätzten »Deutschen Kulturgemeinschaft« und beim »Freundeskreis Ulrich von Hutten« aufgetreten war, wenngleich in der naiven Hoffnung, mit seinen Vorträgen über das »Vehikel der Musik kleinste Samenkörner eines Verständnisses von Humanismus und Christentum säen zu können«, wie Reuter im August erklärt hatte. Aber ein Grund für den verübten Rufmord war das nicht. Das mindeste wäre also eine Entschuldigung der Rufmörder gewesen.

Nein, die gab es nicht. Stattdessen musste ich geheuchelte Kondolenzen lesen. »Die SPD spreche der Familie Reuters ihr Beileid aus, sagte SPD-Fraktionssprecher Peter Stadtmüller«, hieß es am 11. September in der *Welt*. »»Professor Rolf Reuter hat mit seiner außergewöhnlichen Künstlerpersönlichkeit das Gesicht des Hauses über viele Jahre mitgeprägt«, betonte die Komische Oper in ihrem Nachruf«, las ich am gleichen Tage im *Tagesspiegel*.

War er sich zu selbstsicher: Meine Vita und meine Arbeit sind ein überzeugenderer Leumund als das Gekeife von einigen Wichtigtuern?

Ich glaube, dass es so war. Und das hing möglicherweise mit seiner Krankheit zusammen, die er jahrelang schon mit sich herumtrug. Ich habe Mediziner gefragt, die mir diese Vermutung bestätigten: Die fortschreitende Vergiftung des Körpers veränderte à la longue auch das Bewusstsein. Für meine Warnungen, die Sache nicht auf die leichte Schulter zu nehmen, auch für meine frühen Hinweise, diesen Vereinen besser aus dem Weg zu gehen, war er nicht mehr empfänglich.

Geben Sie sich eine gewisse Mitschuld?

Woran?

Dass Sie ihn nicht konsequenter davon abgehalten haben, dort zu sprechen.

Nein. Ich teilte Reuters Auffassung, dass man mit jedem reden sollte, mit den Verirrten, den Verwirrten, selbst mit Idioten. Immer besteht Hoffnung, im Gespräch sie zu Einsichten zu bringen. Ich habe, meine ich, schon mal Sarastro zitiert: »In diesen heil'gen Hallen, / Kennt man die Rache nicht. / Und ist ein Mensch gefallen; / Führt Liebe ihn zur Pflicht.«

Aber auch ja: Wenn ich gewusst hätte, wie grausam diese Gesellschaft sein kann, wie erbarmungslos sie Menschen niedermacht, die sie bis gestern gefeiert hat, dann hätte ich Reuter unbedingt davon abhalten müssen, über das »Volkslied als Mutterboden der musikalischen Hochkultur« in diesen Kreisen zu sprechen. In diesem Sinne ja: Ich habe mich mitschuldig gemacht.

Tortenanschnitt am 80. Geburtstag, 7. Oktober 2006

Und Konzert aus gleichem Anlass: Agnes Reuter (rechts) und ihr Schwager Roeland Gehlen (links)

Volkslied und völkisch liegt bei manchem ziemlich dicht beieinander.

Ja, und mit Heimat hat ja auch mancher seine Probleme. Ich erinnere mich, dass in den achtziger Jahren Lea Rosh die Talkshow »III nach 9« leitete. Damals wurde mit solchen Sendungen nicht so inflationär hantiert wie heute, die sind inzwischen zu Dauerwerbesendungen verkommen. Schauspieler promoten ihren neuen Film, Sänger ihre CD, Autoren ihr Buch und dergleichen mehr. Es sind auch immer die gleichen Gesichter, die in diesen Runden auf allen Kanälen zu besichtigen sind, und es ist immer das gleiche Gebrabbel. Damals waren das noch exklusive Runden, die Gespräche bewegten sich auf anderem intellektuellem Niveau. Ganz besonders interessant wurde es, wenn mal

– was nicht oft passierte – ein Gast aus der DDR im Studio saß.

So hatte denn Lea Rosh einmal Ruth Berghaus eingeladen, die lange am Berliner Ensemble gearbeitet hatte und nun vornehmlich im Westen als Opern- und Theaterregisseurin unterwegs war. Rolf Reuter kannte sie aus ihrer Dresdner Zeit, wo sie als Choreografin an der Palucca-Schule gearbeitet hatte.

Es gab ein durchaus anregendes Gespräch zwischen Rosh und Berghaus, man kam auch auf »Heimat« zu sprechen, und was sagte die DDR-Regisseurin? Der Begriff Heimat sei durch die Nazis belastet, weshalb man ihn nicht mehr benutzen sollte. Nach Auschwitz verbiete sich das.

Das empörte mich derart, das ich sofort einen Beschwerdebrief an die Parteikontrollkommission schrieb.

Wie bitte? Sie waren doch gar nicht in der Partei.

Nein, aber Ruth Berghaus. – Ich hätte mich auch beim Papst beschwert, wenn mich ein katholischer Priester unsittlich berührt hätte.

Und natürlich habe ich auch an Ruth Berghaus geschrieben und ihr erklärt, weshalb ich mich maßlos über ihre Bemerkungen zur Heimat aufgeregt habe. Und ich verwies auf Ernst Busch und dessen Lied der Interbrigaden, in deren Refrain es hieß: »Doch wir haben die Heimat nicht verloren, unsre Heimat ist heute vor Madrid.« Da war »Heimat« eindeutig positiv konnotiert.

Kurz danach kam ein Anruf von der Sekretärin von Ruth Berghaus, die mich zu einem Gespräch einlud. Ich habe zunächst mächtig vom Leder gezogen. Wie sie dazu käme, im Westfernsehen so etwas zu erzählen: Ohne Heimat lohne es sich nicht zu kämpfen. Das wäre absolut kontraproduktiv.

Oha, da waren Sie also ganz auf Linie.
Nicht wahr. Ich wunderte mich über mich selbst. – Die Berghaus hörte sich meine Philippika geduldig an, argumentierte, es war nicht unlogisch und durchaus vernünftig, was sie sagte. Wir verabschiedeten uns mit Handschlag.

Nun kehrte sich mein Unmut gegen Lea Rosh, die Sozialdemokratin, die sich als »Nicht-Jüdin« für ein Holocaust-Mahnmal in Berlin engagierte und jeden Einwand, insbesondere von jüdischer Seite, niederbügelte. »Halten Sie sich da raus, die Nachkommen der Täter bauen das Mahnmal, nicht die Juden.« Da wurde sie mir noch unsympathischer.

Viele Jahre später, die Fernsehsache war lange Geschichte wie die DDR, wurde ich an der Hüfte operiert und kam zur Reha in eine Einrichtung in Tegel. Und wer kommt mir da auf Krücken entgegen? Genau, Lea Rosh. Ich sprach sie an und erinnerte sie an diese Talkshow mit Ruth Berghaus, die mich so in Wallung versetzt hatte. Sie lud mich zum Essen ein. Nun gut, dachte ich, jeder freut sich, wenn er in fremder Umgebung einen trifft, der vertraut tut und mit dem man sich unterhalten kann.

Was beidseitig ist.

Natürlich. Ich war mindestens so froh über die Abwechslung wie sie. – Wir Hüftlädierten speisten dann zu Abend und unterhielten uns sehr angeregt.

Soll ich mal raten? Sie fanden sie schon bald nicht mehr so unsympathisch wie einst.
Richtig. Die Aversionen, die ich über Jahre gespeichert hatte, lösten sich in Luft auf. Und plötzlich stellten wir sogar Gemeinsamkeiten fest – etwa beim Urteil über bestimmte Personen.

Namen!
Nee, die werde ich hier nicht verraten. – Kurzum: Sie hat mit bemerkenswerter Souveränität auf meinen ekstatischen Ausbruch reagiert und mich in der von Reuter

79. Geburtstag an 18. Juli 2022. Von links nach rechts: Sabine Bergmann-Pohl, Claudia Reuter, Christine von Arnim, Anita Rennert, Andrey Tsvetkov, Marina Reimer

gelebten Überzeugung bestärkt: Man muss miteinander und nicht übereinander reden. Für mich mache ich das an einem Bild fest: In Buenos Aires dirigierte Reuter »Figaros Hochzeit«, neben mir saß DDR-Botschafter Neumann. Plötzlich hörten einige Musiker auf zu spielen, die Sänger auf der Bühne drängten an den Rand und verschwanden, doch Reuter dirigierte stoisch weiter, obgleich langsam auch Unruhe im Parkett Einzug hielt. »Herr Botschafter, was ist da los? Ein Putsch, ein Staatsstreich?« Neumann zuckte die Achseln. Na klar, er wusste auch nicht mehr.

Dann senkte sich auch schon der Vorhang, und ich dachte wütend: Was tut man da meinem Mann an, der da einsam und verlassen auf dem Dirigentenpult stand!

Später stellte es sich heraus: Hinter der Bühne war ein Feuer ausgebrochen. Und die Sänger und Musiker haben es bemerkt – nur einer nicht: mein Mann!

Man kann es auch so interpretieren: Selbst wenn das Haus in Flammen steht, erfüllt man seinen Auftrag.

Das ist ein schönes Schlusswort.

Ein Wort danach

Ab 2016 begegneten sich Herr Schumann und Frau Reuter, um über ein Buch zu reden. In ziemlicher Regelmäßigkeit trafen wir uns immer für zwei Stunden. Die Gespräche wurden intensiver, es entwickelte sich ein sehr respektvolles Vertrauen, und es kam irgendwann das DU. Und deshalb, lieber Frank Schumann: Sei von Herzen bedankt für dein Wollen, dieses Buch zu machen. Und tatsächlich – jetzt, 2023, ist es in Gesprächsform von dir erstellt worden. Ich danke dir sehr! Nicht nur für das Buch, sondern für das gegenseitige Verständnis, für die Art und Weise unseres Umganges, die zu einer über das Buch hinaus – hoffe ich – Freundschaft geführt hat.

Wenn ich jetzt, kurz vor meinem 80. Geburtstag, resümierend über mein Leben nachdenke, kann es nur sein, dass ich mein Leben gleichsetze mit Glück. Dieses hat viele Mosaike. Schon meine Kindheit in diesem herrlichen Elternhaus, mit diesen so liebenswerten, gütigen Eltern in der Nachkriegszeit war reines Glück. Meine Jahre in der Schweiz und danach in der DDR waren als Kind und Jugendliche umhüllt und getragen von Liebe dieses Zuhauses. Ich bin so froh, tatsächlich 2018 meine Schweizer Staatsbürgerschaft erhalten zu haben. Das Land meiner Mutter, das geliebte Kinderland. Heimat. Heimat da und in Dresden in dieser Familie.

Mein Studium der Musikwissenschaft und Geschichte hat mich nachhaltig geformt. Wesentlich ist, dass durch Bildung eine Haltung erwächst, die ein lebenslanges Signal immer und immer wieder ist.

Und dann kam Rolf Reuter, mein Mann. Es war nicht nur Magie und Zauber. Die 38 Jahre meiner Ehe waren einfach Glück, Glück in aller Form, und ich bin mir ziemlich sicher, dass es nicht sehr vielen Menschen so erging wie mir. Ich konnte es greifen, sehen und erleben. Und meine Kinder, Sophia und Agnes, und später dann Sophias Mann und die drei herrlichen Enkelkin-

Trauung 2006: Sophia Reuter und Roeland Gehlen, niederländischer Geiger und Konzertmeister, mit den Brauteltern und Agnes Reuter

Agnes mit ihren Neffen Felix (links) und Johann, 2022

der Johann, Felix und Richard haben das Glück vollkommen gemacht.

Was habe ich in diesen Jahren alles erfahren dürfen. So viel unglaubliche Musik. Meine Zeit als Regieassistentin an der Leipziger Oper war nicht nur eine lernende durch Prof. Joachim Herz, den grandiosen Regisseur, sondern auch eine für mein Leben prägende. Ich habe das Leipziger Opernhaus geliebt und das in mein Leben mitgenommen.

Weimar – gern hätte ich dort gelebt, aber es waren nur anderthalb Jahre, dann ging es nach Berlin. Ich war Jahre verunsichert. Berlin war mir fremd, ich kannte die Menschen nicht, und irgendwie riss mein Selbstvertrauen ab. Deshalb war es so wohltuend für mich selbst, ein Jahr an der Humboldt-Universität über Aristoteles

Vorlesungen zu hören. Es war eine Art der Selbstfindung. Großartige Erlebnisse in der Komischen Oper waren mir Trost und bleibende Freude. Dankbar, sehr, sehr dankbar denke ich daran zurück.

Und wie sehr hat mich das Leben beschenkt mit Freundschaften, mit großartigen Künstlern, mit klugen Menschen, mit Ländern, wo mein ganzes Herz aufging, dort sein zu dürfen. Griechenland, das heißgeliebte. Und das mit Rolf Reuter. Frankreich, so wunderbare Kultur. Italien – einmal Ravenna gesehen zu haben, war Erfüllung. Und Dresden – immer wieder Dresden, meine Heimat, noch kennengelernt in Trümmern und immer wieder zurückgekehrt in den Zauber dieser Stadt, heute noch!

Und wenn ich über mein Leben drüber hinsehe, sind es Freundschaften und Menschenbegegnungen. Meine Jugendfreundinnen – Binchen, Annettchen, Renate – noch immer, über 60 Jahre, sind wir Freundinnen – wer hat das schon!? In den späteren Jahren – ein Geschenk – kamen noch Freunde dazu, Maria Theresia, Heidi, Karin, Ditte, Gisa und Klaus, Inge-Lore, Christine, Helga, Sabine und Marina, um nur einige zu nennen. Freunde sind Trost und Ermutigung, und die habe ich durch sie. Und ganz wichtig: Es gibt ein Menschenkind, das mir zwar über die Akademie verbunden ist, aber in mein Herz quasi töchterliche Liebe gesetzt hat: mein Schäferlein.

So viele Persönlichkeiten durfte ich kennenlernen und bewundern – stellvertretend seien hier genannt: Anna Tomowa-Sintow, die großartigste Sängerin, die

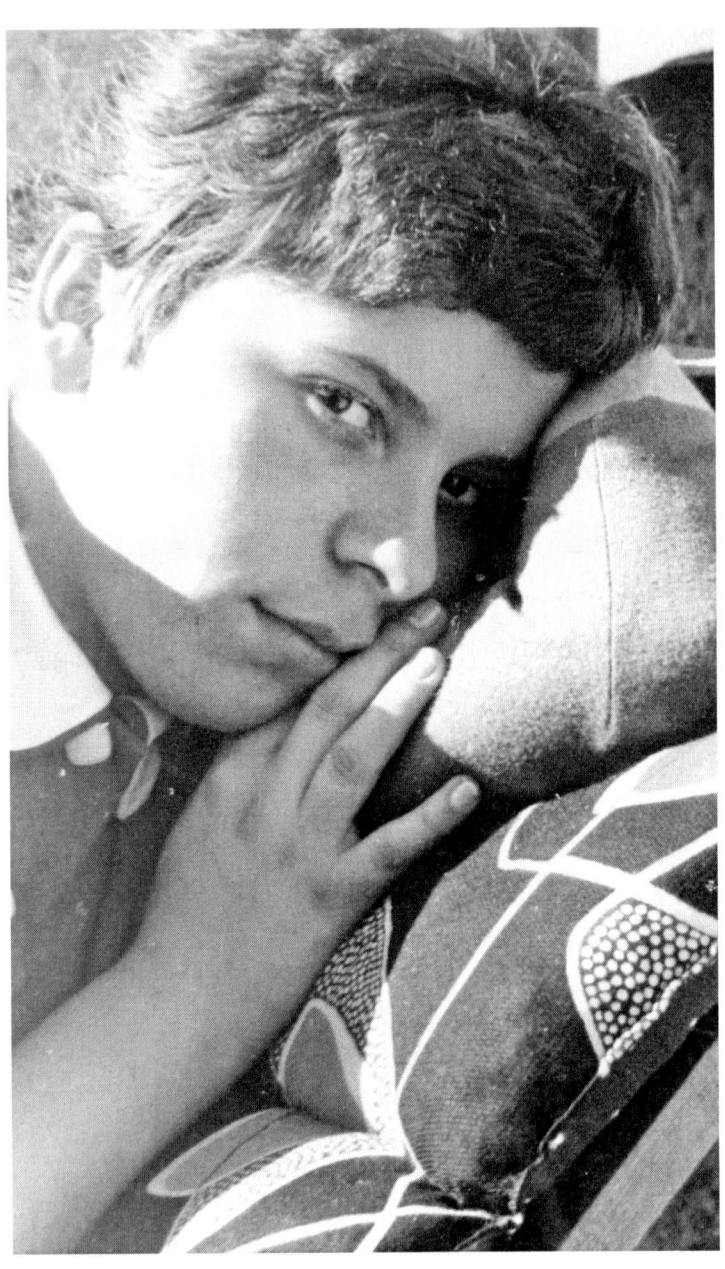

Claudia Herzfeld, 1958

ich je getroffen habe und die ich Freundin nennen darf; und – weil es für mich eine direkte Verbindung zu meinem Mann gab – Yehudi Menuhin, der verehrungswürdige Mensch, der genialste und klügste Geist und ein unvergleichlicher Künstler.

Der Bogen meines Lebens ist ein Kreis, in dem eine Frau sitzt und sehr bemüht ist, das, was sie gelernt hat, das, was sie leben durfte, das, was sie geprägt hat, mit Haltung noch zu leben.

Der Schluss aus all dem Gesagten und Erfahrenenen ist, das Glück in hohem Maße mir noch heute zuteil wird. Deshalb bin ich Rolf Reuters Frau und nicht seine Witwe.

Claudia Reuter,
im Sommer 2023

Inhalt

Ein Wort zuvor 5

Halla und Helvetia
oder Warum ich Schweizerin werden will 17

Aprikosen in Pieschen
und musikalischer Ritterschlag 54

GmW = Gegen meinen Willen
und Blumen für den Usurpator 65

Symbiose mit einem General 85

Von Zauberern und Zirkussen 97

Die kaukasische Linie 115

Theater 139

Wie wird man Bürgerin
der Schweizer Eidgenossenschaft? 157

Flaggenparade und Reisen 167

Kulturlosigkeit allenthalben 185

Über Verlustangst und Bedeutungsverlust 207

Reuter als Vegetarier 225

Akademie und Akademiker 235

Entwertung der Werte 255

Gleichklang der Seelen 279

Ein Wort danach 294

verlag am park – eine Marke der
edition ost Verlag und Agentur GmbH

ISBN 978-3-89793-372-9

1. Auflage 2023
© edition ost Verlag und Agentur GmbH, Berlin
Alle Rechte der Verbreitung vorbehalten.
Ohne ausdrückliche Genehmigung des Verlages ist es nicht gestattet,
dieses Werk oder Teile daraus auf fotomechanischem Weg
zu vervielfältigen oder in Datenbanken aufzunehmen.

Umschlaggestaltung und Satz: edition ost
Fotos: Robert Allertz S. 7, 8, 9, 10, 11, 105; Archiv Reuter S. 14, 20, 23, 30, 33, 52, 55, 63, 67, 78, 91, 93, 94, 97, 109, 117, 120, 135, 154, 163, 180, 189, 198, 203, 212, 215, 229, 243, 259, 273, 274, 281, 284, 288, 289, 295, 298; Felici S. 253; Krebs S. 203; Arwid Lagenpusch S. 129, 148, 205; Jeanette Schäfer-Jaschik S. 292, 296; Fritz Schumann S. 175, 237, 239
Titel: Unter Verwendung eines Fotos von Fritz Schumann, Auftritt bei einem Konzert der Akademisten in der Deutschen Oper am 23. April 2017
Druck: Sowa Druk, Warschau

20,00 Euro

www.eulenspiegel.com